# Las aves

## Aristófanes

# PERSONAJES:

EVELPIDES.

PISTETERO.

ABUBILLA.

UN PARRICIDA.

EL CORO DE LAS AVES.

UN SACERDOTE.

UN POETA.

UN INSPECTOR.

UN VENDEDOR.

MENSAJERO PRIMERO.

MENSAJERO SEGUNDO.

IRIS.

UN HERALDO.

UN PARRICIDA.

CINESIAS, poeta ditriámbico.

UN SICOFANTE.

PROMETEO.

POESEIDÓN.

TRIBADO.

HERACLES.

*País agreste, lleno de zarzales y peñascos. Al fondo, una selva; a un lado una roca, morada de Abubilla.*

*En escenas*

**EVÉLPIDES**, *llevando un grajo sobre el puño.*

**PISTETERO**, *llevando igualmente una corneja; y los dos en busca del reino de las Aves.*

**EVÉLPIDES**.-*(Al grajo que le sirve de guía.)* ¿Me dices que vaya en línea recta hacia aquel árbol?

**PISTETERO**.-*(A la corneja que trae en la mano.)* !Peste de avechucho! Ahora grazna que retrocedamos.

**EVÉLPIDES**.-Pero infeliz la qué andar errantes en todos   sentidos? Con estas idas y venidas nos derrengamos inútilmente.

**PISTETERO**.-¡Qué imbécil he sido al dejarme guiar por esta corneja! Me ha hecho correr más de mil estadios.

**EVÉLPIDES**. -¿Mayor dicha que la de llevar de guía a este grajo, que me ha destrozado hasta las uñas de los pies?

**PISTETERO**.-Ni siquiera sé en qué lugar de la tierra estamos.

**EVÉLPIDES**.-¿No podrías tú averiguar desde aquí dónde cae nuestra patria?

**PISTETERO**.-No, por cierto; ni Execéstides[1] la suya.

**EVÉLPIDES**.-¡Ay!

**PISTETERO**.-Tú, amigo mío, sigue esa senda.

**EVÉLPIDES**.-¡Terrible engaño el que nos ha hecho Filócrates, ese atrabiliario vendedor de pájaros! Nos aseguró que estas dos aves nos

---

[1] Extranjero que quería pasar por ateniense.

guiarían mejor que ninguna otra a la morada de Tereo[2] la Abubilla, que fue transformado en pájaro, y nos vendió este grajo, hijo de Tarrélides, por un óbolo, y por tres aquella corneja, que sólo saben darnos picotazos. *(Al grajo.)* ¿Por qué me miras con el pico abierto? ¿Quieres precipitarnos desde esas rocas? Por ahí no hay camino.

**PISTETERO**.-Ni senda tampoco, por Zeus.

**EVÉLPIDES**.-¿No dice nada tu corneja sobré el camino que hay que seguir?

**PISTETERO**.-Sigue graznando, por Zeus, las mismas cosas que antes.

**EVÉLPIDES**.-Pero, en fin, ¿qué dice a propósito del camino?

**PISTETERO**.-¿Qué ha de decir, sino que a fuerza de roer acabará por comérseme los dedos?

**EVÉLPIDES**.-¡Esto es insoportable! Queremos irnos a los cuervos[3]; ponemos para conseguirlo cuanto está en nuestra mano, y no logramos hallar el camino. Porque habéis de saber, oyentes míos, que nuestra enfermedad es completamente distinta de la que aflige a Saccas: éste, que no es ciudadano, se obstina en serlo, y nosotros que lo somos, y de familias distinguidas, aunque nadie nos expulsa, huimos a toda prisa de nuestra patria. No es que aborrezcamos a una ciudad tan célebre y afortunada, siempre abierta a todo el que desee arruinarse con litigios; porque es una triste verdad que si las cigarras sólo cantan uno o dos meses entre las ramas de los árboles, en cambio los atenienses cantan toda la vida posados sobre los procesos. Esto es lo que nos ha obligado a emprender este viaje y a buscar, cargados del canastillo, la olla y las ramas de mirto, un país libre de pleitos, donde pasar tranquilamente la vida. T es el objeto con que nos dirigimos a Tereo la Abubilla para preguntarle si en las comarcas que ha recorrido v ]ando, ha visto alguna ciudad como la que deseamos.

**PISTETERO**.-¡Eh, tú!

---

[2] Rey legendario de Tracia, cambiado en abubilla tras de haber intentado seducir a su cuñada Filomela.
[3] «irse al infierno» o «al diablo.»

**EVÉLPIDES**.-¿Qué hay?

**PISTETERO**.-Ya hace unos momentos que la corneja me indica que hay que subir un poco.

**EVÉLPIDES**.-También mi grajo mira con el pico abierto en la misma dirección, como si quisiera señalarme alguna cosa: no puede menos de haber aves por aquí. Pronto lo sabremos haciendo ruido.

**PISTETERO**. ¿Sabes lo que has de hacer? Dale con el pie a la roca.

**EVÉLPIDES**.-Y tú, con la cabeza, para que el ruido sea doble.

**PISTETERO**.-O mejor, coge esa piedra y llama.

**EVÉLPIDES**.-¡Habrá que hacerlo, claro está! !Esclavo! ¡Esclavo!

**PISTETERO**. Pero ¿qué haces? Para llamar a la Abubilla, gritas: !Esclavo! ¡Esclavo! En vez de esclavo debes gritar: ¡Epopoi! ¡Epopoi!⁴.

**EVÉLPIDES**.-¡Epopoi! Tendré que llamar otra vez. ¡Epa poi!

Un criado de Abubilla, Pistetero y Evélpides.

**EL CRIADO**.-(*Representando a un pájaro.*) ¿Quién va? ¿Quién llama a mi dueño?

**EVÉLPIDES**.-¡Apolo nos asista! ¡Qué enorme pico!⁵.

**EL CRIADO**.-¡Horror! ¡Son cazadores)

**EVÉLPIDES**. Me causa un miedo indecible.

**EL CRIADO**.-¡Moriréis!

**EVÉLPIDES**.-Pero si no somos hombres.

**EL CRIADO**.-¿Pues qué sois?

**EVÉLPIDES**.-Yo soy el Tímido, ave de Libia.

**EL CRIADO**.-¡A otro con esas!

**EVÉLPIDES**.-Pregúntaselo a toda la caca que llevo en los pies.

**EL CRIADO**.-Y ese otro, ¿qué pájaro es? Contesta.

**PISTETERO**.-El Ensuciado, ave de Fasos.

**EVÉLPIDES**.-Y tú, ¿qué clase de animal eres, en nombre de los dioses?

---

⁴ Grito que imita al de la abubilla.
⁵ Los actores salían con máscaras y trajes imitando a las aves que representaban.

**EL CRIADO**.-YO soy un pájaro doméstico.

**EVÉLPIDES**.-¿Te ha domesticado algún gallo?

**EL CRIADO**.-No; pero cuando mi dueño quedó convertido en abubilla quiso que yo también me transformase en pájaro, para tener quien le siguiese y sirviese.

**EVÉLPIDES**.-¿Pero es que las aves necesitan criados?

**EL CRIADO**.-Este sí, tal vez porque fué antes hombre. Cuando se le antojan anchoas del Falero, yo cojo una escudilla y corro a por anchoas; cuando quiere comer puré como se necesitan una cuchara y una olla, corro a por la cuchara.

**EVÉLPIDES**.-Por las señas, este pájaro es un recadero. ¿Sabes lo que has de hacer, recadero? Llamar a tu señor.

**EL CRIADO**.-Acaba de dormirse, después de haber comido bayas de mirto y algunos gusanos.

**EVÉLPIDES**.-No importa, despiértale.

**EL CRIADO**.-Estoy seguro de que se va a enfadar; pero lo haré por complaceros.

**PISTETERO**.-*(Por el pájaro-criado.)* Que el cielo te confunda, ipues no me has dado mal susto!

**EVÉLPIDES**.-¡Oh desgracia! ¡De miedo se me ha escapado el grajo!

**PISTETERO**.-¡Grandísimo cobarde! Has dejado escapar el grajo por miedo.

**EVÉLPIDES**.-Y tú, ¿no has dejado marchar la corneja al caer?

**PISTETERO**. Yo no, por Zeus, no.

**EVÉLPIDES**.-Pues, ¿dónde está?

**PISTETERO**.-Voló.

**EVÉLPIDES**.-¿Y no se te ha escapad ? ¡Vaya un valiente!

**ABUBILLA**.-*(Desde dentro.)* Abre a selva para que salgas[6].

**EVÉLPIDES**.-Por Heracles ¿qué animal es éste? ¡Qué alas! ¡Qué triple cresta! ¿visitantes?

son estos visitantes?

**EVÉLPIDES**.-Sin duda, los doce grandes dioses te han maltratado.

**ABUBILLA**.-¿Acaso os burláis de la forma de mis alas? Sabed, extranjeros, que antes he sido hombre.

**EVÉLPIDES**. No nos burlamos de tí.

**ABUBILLA**.-¿Pues de quién?

**PISTETERO**.-Es tu pico lo que nos da risa.

**ABUBILLA**.-Esas son, sin embargo, las injurias con que me cubre Sófocles, en sus tragedias a mí, Tereo.

**EVÉLPIDES**.-Pero Zeres Tereo, o un ave, o un pavo real?

**ABUBILLA**.-Soy un ave.

**EVÉLPIDES**.-¿Y las alas?

**ABUBILLA**.-Se me han caído.

**EVÉLPIDES**.-¿Alguna enfermedad?

**ABUBILLA**.-No; pero en el invierno mudan todas las aves, y les salen después nuevas plumas. Y vosotros, ¿qué sois?

**EVÉLPIDES**.-¿Nosotros? Dos mortales.

**ABUBILLA**.-¿De qué país?

**EVÉLPIDES**.-Del de las bellas trirremes.

**ABUBILLA**.-¿Seréis acaso jueces

**EVÉLPIDES**.-Nada de eso: somos antijueces.

**ABUBILLA**.-¿Se siembra ese grano en vuestro país?

**EVÉLPIDES**.-Rebuscando en todo el campo, aún se encuentra    un poco.

**ABUBILLA**.-¿Y qué os trae por aquí?

**EVÉLPIDES**.-El deseo de hablarte.

**ABUBILLA**.-¿Para qué?

**EVÉLPIDES**.-Porque en otro tiempo fuiste hombre, como  nosotros; en otro tiempo tuviste deudas, como nosotros, y en otro tiempo te gustaba no pagarlas, como a nosotros; después, cuando fuiste transformado en ave, recorriste en tu vuelo todos los mares y tierras, y llegaste a reunir la experiencia del pájaro y la del hombre. Esto nos trae a

---

[6] Los nombres griegos de selva y puerta sólo difieren en una letra.

tí para suplicarte que nos indiques alguna pacífica ciudad donde podamos vivir blanda y sosegadamente, como el que se acuesta sobre mullidos cojines.

**ABUBILLA.**-¿Buscas, pues, una ciudad más grande que la de Cranao? [7].

**EVÉLPIDES.**-Más grande, no; pero sí algo más cómoda.

**ABUBILLA.**-Claro está que tratas de vivir bajo un régimen aristocrático.

**EVÉLPIDES.**-¿Yo? En absoluto; detesto al hijo de Escelio [8].

**ABUBILLA.**-¿Pues en qué ciudad quisierais vivir?

**EVÉLPIDES.**-En una donde los negocios más importantes sean, por ejemplo, venir muy de mañana a mi puerta un amigo y decirme: "Te ruego por Zeus olímpico que al salir del baño vengáis a mi casa tú y tus hijos, pues voy a dar un banquete de bodas. ¡Cuidado con faltar! ¡Cómo no vengas, no tienes que poner los pies en mi casa hasta que me abandone la fortuna!

**ABUBILLA.**-Vamos, veo que tienes afición a las desgracias. ¿Y tú?

**PISTETERO.**-Tengo los mismos gustos.

**ABUBILLA.**-¿Cuáles?

**PISTETERO.**-Quisiera una ciudad en la que al verme el padre de un hermoso muchacho, me dijese como si le hubiera ofendido: «¡Muy bien, muy bien, Estilbónides! Te encontraste ayer con mi hijo que volvía del baño y del gimnasio, y no fuiste para darle un beso, ni hablarle, ni acariciarle los testículos. ¿Quién dirá que eres amigo mío?»

**ABUBILLA.**-¡Hola, hola! Pues no es nada las desdichas que apeteces, buen hombre. En la costa del Mar Rojo, hay una ciudad, afortunada como la que deseáis.

**EVÉLPIDES.**-¡Ah! No me hables de ciudades marítimas; el mejor día amanecería la galera de Salamina [9] trayendo un alguacil. ¿No puede indicarnos alguna ciudad helénica?

---

[7] Es decir, que la de Atenas.
[8] El hijo de Escelio, político oligarca se llamaba Aristócratas.

**EVÉLPIDES.**-¡Por todos os dioses! Aunque no he visto a Lepreo, lo aborrezco a causa de Melantio[10].

**ABUBILLA.**-Hay también en Locrida la ciudad de Opuncio, donde podréis vivir muy bien.

**EVÉLPIDES.**-NO quisiera ser Opuncio[11] ni por un talento de oro. Pero ¿qué tal pasan la vida los pájaros? Tú debes saberlo bien.

**ABUBILLA.**-La vida no es desagradable; en primer lugar, hay que prescindir del monedero.

**EVÉLPIDES.**-Lo que representa reducir considerablemente la corrupción.

**ABUBILLA.**-Picoteamos en los jardines sésamo blanco, mirto, amapolas y menta.

**EVÉLPIDES.** ¿De modo que vivís como recién casados?[12]

**PISTETERO.**-¡Oh! ¡Oh! ¡Qué magnífica idea se me ha ocurrido para la gente alada! Seríais omnipotentes si me obedecierais.

**ABUBILLA.**-¡Obedecerte! ¿En qué?

**PISTETERO.**-Lo primero, en no andar revoloteando por todas partes con el pico abierto: es indecoroso. Entre nosotros, cuando vemos a uno de esos botarates que no paran un instante, acostumbramos a preguntar: «¿Quién es ese chorlito?» Y Teleas responde: «Es un inconstante; tiene siempre la cabeza a pájaros: no se está quieto un momento.

**ABUBILLA.**-Tienes razón, por Dionysos. ¿Qué hemos de hacer?

**PISTETERO.**-Fundad una ciudad.

**ABUBILLA.**-¿Y qué ciudad podríamos fundar nosotras, las aves?

**PISTETERO.**-En verdad que es bien necia tu pregunta. Mira a  tus pies.

**ABUBILLA.**-Ya miro.

**PISTETERO.**-Mira ahora hacia arriba.

---

[9] Galera que sólo se empleaba en las necesidades más apremiantes. Destinábase principalmente a traer a Atenas los ciudadanos fugitivos que habían de ser juzgados.

[10] Poeta trágico, que padecía de lepra.

[11] Es decir, tuerto; porque Opuncio, contemporáneo de Aristófanes, tenía este defecto.

**ABUBILLA**.-Ya miro.

**PISTETERO**.-Ahora vuelve la cabeza a un lado y a otro.

**ABUBILLA**. ¿Qué voy a sacar, por Zeus, de retorcerme así el pescuezo?

**PISTETERO**.-¿Has visto algo?

**ABUBILLA**.-Sí; las nubes y el cielo.

**PISTETERO**.-¿No es ese el polo de las aves?

**ABUBILLA**.-¿El polo? ¿Qué es eso de polo?

**PISTETERO**.-Como si dijéramos el país; se llama polo[13]. Porque gira y atraviesa todo el mundo. Si fundáis en él una ciudad y la rodeáis de murallas, en vez de polo se llamará población[14]; entonces reinaréis sobre los hombres, como ahora sobre los saltamontes y haréis morir a los dioses de un hambre como la de Melos[15].

**ABUBILLA**.-¿Cómo?

**PISTETERO**.-El aire está entre el cielo y la tierra, y del mismo modo que cuando nosotros queremos ir a Delfos pedimos permiso a los beocios para pasar, así vosotros, cuando los hombres hagan sacrificios a los dioses, si éstos no os pagan tributo, podréis impedir que el humo de las Víctimas atraviese Vuestra ciudad y Vuestro espacio.

**ABUBILLA**.-¡Oh! ¡Oh! Por la Tierra, las Nubes, Los Lazos y las Redes, que jamás he oído una idea más ingeniosa. Estoy dispuesto a fundar contigo esa ciudad, si los demás pájaros comparten mi opinión.

**PISTETERO**.-¿Quién podrá exponerles el proyecto?

**ABUBILLA**.-Tú mismo. Antes eran bárbaros, pero en el largo tiempo que he estado en su compañía les he enseñado a hablar.

**PISTETERO**.-¿Cómo les Vas a convocar?

---

[12] Los recién casados se coronaban de esas plantas y comían tortas de sésamo.

[13] Polo, de griego, girar.

[14] Las palabras polo y población son muy parecidas en griego.

[15] Frase comente en tiempo de Aristófanes, para expresar una necesidad extremada. Su origen fué el hambre horrible que sufrieron los habitantes de Melos durante el asedio de los atenienses, en el año diez y seis de la guerra

**ABUBILLA**.-Muy fácilmente. Voy a entrar en esa espesura, despertaré a mi dulce ruiseñor y les llamaremos; en cuanto oigan nuestra Voz acudirán sin detenerse.

**PISTETERO**.-¡Oh tú, el más querido de los pájaros, no te quedes ahí plantado! Te lo suplico, intérnate pronto en la espesura y despierta a Filomena[16].

**ABUBILLA**.-(Llamando a Filomena) Despierta, dulce compañera de mi Vida; entona esos himnos sagrados que, como armoniosos suspiros, brotan de tu divina garganta cuando con melodiosa y pura Voz deploras la triste suerte de nuestro llorado Itis. Tu sonoro canto sube, atravesando los copudos tejos, hasta el trono de Zeus, junto al que Febo, de áurea cabellera, responde con los acordes de su lira de marfil a tus plañideras endechas y reúne los coros de los dioses y de sus bocas inmortales brota un celestial aplauso[17].

*(Se oye una flauta dentro)*

**PISTETERO**.-¡Zeus soberano! ¡Qué garganta la de ese pajarito! Ha llenado de miel toda la espesura.

**EVÉLPIDES**.-¡Eh! ¡Tú!

**PISTETERO**.-¿Qué hay?

**EVÉLPIDES**.-¿No callarás?

**PISTETERO**.-¿Por qué?

**EVÉLPIDES**.-Abubilla se prepara a cantar a su Vez.

**ABUBILLA**.-Esopopoi, popoi, popopopoi... Venid, Venid; Venid, Venid, alados compañeros. Todos cuantos taláis las fértiles campiñas, tribus innumerables que recogéis y devoráis los granos de cebada, catervas infinitas de rápido Vuelo y melodioso canto, acudid, acudid; Vosotros, los que posados en un terrón os complacéis en     gorjear

---

[16] La dulce compañera de Tereo Abubilla, metamorfoseada también en pájaro
[17] Parodia de ciertos pasajes de Sófocles y Eurípides, en que se pondera el canto del ruiseñor.

débilmente entre los surcos: tio, tio, tio, tio, tio; tio; tio; tio; los que en los jardines saltáis sobre las hiedras o en las montañas picoteáis el madroño u la silvestre aceituna, acudid a mi voz: trioto, trioto, toto brix. Vosotros también, los que devoráis punzadores mosquitos en los Valles pantanosos; los que pobláis los prados húmedos de rocío y el campo ameno de Maratón; francolines de matizadas alas; aves que revoloteáis con los alciones sobre las alborotadas olas del mar, Venid a escuchar la grata nueva: congréguense aquí las aves de largo cuello. Sabed que ha Venido un anciano ingenioso, autor de una nueva idea, que pretende realizar audaces proyectos. Venid todos a deliberar aquí. Torotorotorotorotix. Kiccabau, kiccabau. Torotorotorotorolililix.

*(Pistetero, Evélpides, Abubilla, Coro de Aves)*

**PISTETERO.**-¿Ves algún pájaro?

**EVÉLPIDES.**-Ninguno, por Apolo, aunque estoy mirando al cielo con la boca abierta.

**PISTETERO.**-Me parece que ha sido inútil que Abubilla imitando al pardal[18], se haya metido en el bosque como a empollar huevos.

**UN AVE.**-*(De la familia de las zancudas.)* Torotix, torotix.

**PISTETERO.**-¡Ah! muchacho, ya Viere alguna.

**EVÉLPIDES.**-Ya la ves, sí, por Zeus, pero ¿cuál? ¿Será acaso el pavo real?[19].

**PISTETERO.**-Este nos lo dirá *(Por Abubilla.)* ¿Qué ave es ésa?

**ABUBILLA.**-No es de esas aves domésticas que veis todos los días; es un ave acuática.

**PISTETERO.**-!Qué hermoso color de púrpura feniciai

**ABUBILLA.**-Es verdad; por eso se llama el fenicóptero[20].

**EVÉLPIDES.**-¡Eh! ¡Eh! ¡Tú!

---

[18] Pájaro que hace su nido en los agujeros de las peñas.

[19] En tiempo de Aristófanes los pavos reales eran muy poco conocidos en Atenas y se enseñaban por dinero, como animales raros.

[20] Es decir, flamenco.

**PISTETERO**.-¿Por qué grita?

**EVÉLPIDES**.-Ahí viene otra.

**PISTETERO**.-Cierto; y exótica al parecer. ¿Cómo se llama esa ave montañesa, de aspecto tan solemne como estúpido?

**ABUBILLA**.-Se llama el pájaro meda.

**PISTETERO**.-¡El Meda? ¿Y cómo, gran Heracles, siendo de Media ha podido venir sin camello?

**EVÉLPIDES**.-Ahí se presenta otra con una buena cresta.

**PISTETERO**.-¿Qué prodigio es éste? No eres tú la única abubilla, puesto que hay esa otra.

**ABUBILLA**.-Esa abubilla es hija de Filocles, hijo de una Abubilla y yo soy su abuela, como si dijéramos Hipónico de Calas y Calias de Hipónico [21].

**PISTETERO**.-¿Luego Calias es un pájaro? ¡Oh, y cómo se le caen las plumas![22].

**ABUBILLA**.-Es generoso; por eso los sicofantes le despluman y las pájaras le arrancan las alas.

**PISTETERO**.-¡Oh, Poseidón! Un nuevo pájaro de diversos colores. ¿Cómo se llama ése?

**ABUBILLA**.-El glotón.

**PISTETERO**.-¿Hay, pues, otro glotón además de Cleónimo?

**EVÉLPIDES**.-Pero si es Cleónimo ¿cómo ha podido conservar la cresta?[23]

**PISTETERO**.-¿Qué significan todas esas crestas? ¿Quizá acuden estas aves a disputar el premio del doble estadio?[24].

**ABUBILLA**.-Son como los carios, que no abandonan las crestas de las montañas para estar más seguros.

---

[21] Con frecuencia en Atenas al nieto le daban el nombre de su abuelo. La Abubilla, es, pues, la abuela del ave en cuestión. Pero el texto griego dice «abuelo« puesto que epops (la abubilla) es masculino en griego. En cuanto a Filocles, éste era un poeta trágico de gran fealdad, autor de una tragedia titulada Terco y que no era sino un plagia de la obra de Sófocles de igual título.

[22] Personaje que se había arruinado por mala conducta.

[23] Nueva alusión, tan reiterada en Aristófanes, a la cobardía de Cleónimo.

[24] Los que corrían en el diaulo o doble estadio llevaban un penacho.

**PISTETERO**.-¡Oh, Poseidón! !Mira, mira cuántas aves agoreras se reúnen!

**EVÉLPIDES**.-¡ Soberano Apolo! ¡Qué invasión¡ ¡Oh! ¡Oh! Sus alas no dejan ver la boca de la escena.

**PISTETERO**.-Esa es la perdiz; aquél, el francolín; ése, el penélope; el otro, el alción.

**EVÉLPIDES**.-¿Y aquel que viene detrás del alción?

**PISTETERO**.-¿Ese? El rapista.

**EVÉLPIDES**.-¿Cómo? ¿El barbero es pájaro? Un pájaro rapista

**PISTETERO**.-¿Pues no lo es Espórgilo, y de los de cuenta?[25] Ahí viene la lechuza.

**EVÉLPIDES**.-¿Qué dices? ¿Quién trae una lechuza a Atenas?[26].

**PISTETERO**.-Mira, mira, la urraca, la tórtola, la alondra; el eleos, la hipatimis, la paloma, el nerto; el azor; la torcaz; el cuco, el eritropo, la ceclepiris, el porfirión, el cernícalo; el somormujo, la ampelis, el quebrantahuesos, el pico.

**EVÉLPIDES**.-¡Oh! ¡Oh! ¡Cuántas aves¡ ¡Cuántos mirlos¡ ¡Cómo pían y corren con estrépito! Pero ¿qué nos amenazan? ¡Ay¡ ¡Cómo abren los picos y nos miran!

**PISTETERO**.-Eso me parece.

**EL CORIFEO**.-Po po po po po ¿por dónde anda el que me llamó? ¿Dónde se encuentra?

**ABUBILLA**.-Estoy aquí hace tiempo; yo nunca abandono a los amigos.

**EL CORO**.-Ti ti ti ti ti ti ¿tienes algo bueno que decirme?

**ABUBILLA**.-Un asunto de interés común, seguro, justo, agradable, útil. Dos lógicos sutiles han venido a buscarme.

**EL CORO**.-¿Dónde? ¿Cómo? ¿Qué dices?

**ABUBILLA**.-Digo que dos ancianos han venido del país de los hombres a proponernos una empresa prodigiosa.

---

[25] Barbero de Atenas, cuyo establecimiento gozaba de mala fama.
[26] Frase proverbial, equivalente a «llevar agua al río

**EL CORIFEO**.-! Oh, tú que perpetraste el mayor crimen de que he oído hablar en mi vida! ¿Qué es lo que estás diciendo?

**ABUBILLA**.-NO te asustes de mis palabras.          .

**EL CORIFEO**.-¿Qué has hecho?

**ABUBILLA**.-Acoger a dos hombres que desean vivir con nosotros.

**EL GORIFEO**.-¿Y te has atrevido?

**ABUBILLA**.-Sí; y me encanta haberlo hecho.

**EL CORIFEO**.-¿Y están ya entre nosotros?

**ABUBILLA**.-Como yo lo estoy.

**EL CORO**.-¡Ay, ay, estamos vendidos; somos víctimas de la traición más negra! Nuestro amigo, el que compartía con nosotros el fruto de los campos ha hollado nuestras antiguas leyes, ha quebrantado los juramentos de las aves; nos ha atraído a una trampa, nos ha puesto en manos de una raza impía con la que estamos en guerra desde que vimos la luz. Tú, traidor, nos darás luego cuenta de tus actos; pero primero castiguemos a esos hombres. ¡Ea! ¡A despedazarlos!

**PISTETERO**.-¡Ahora sí que estamos perdidos!

**EVÉLPIDES**.-Tú sólo tienes la culpa de lo que nos pasa. ¿Para qué me trajiste?

**PISTETERO**.-Para tenerte a mi lado.

**EVÉLPIDES**.-Mejor dirás que para hacerme llorar todas las lágrimas de los ojos.

**PISTETERO**.-No delires; ¿cómo has de llorar cuando te hayan sacado los ojos?[27].

**EL CORO**.-¡Io! ¡Io! ¡Sus al enemigo¡ ¡Hiérele mortalmente; despliega tus alas; envuelve con ellas a esos hombres; que paguen su culpa y den alimento a nuestros picos. Nada podrá librarles de mi furor; ni las sombrías montañas, ni las etéreas nubes, ni el piélago espumoso.

**EL CORIFEO**.-¡Ea, caigamos sobre ellos y desgarrémosles sin tardanza! ¿Dónde está el taxiarco? Que haga avanzar el ala derecha.

---

[27] Alusión a los trágicos, que hacían derramar lágrimas a Edipo después de haberse arrancado los ojos.

**EVÉLPIDES**.-Llegó el momento supremo. ¿A dónde huir, pobre de mí?

**PISTETERO**.-¡ Eh! Firme en tu puesto.

**EVÉLPIDES**.-¿Para que me hagan trizas?

**PISTETERO**.-Pues ¿cómo piensas escaparte?

**EVÉLPIDES**.-No lo sé.

**PISTETERO**.-Pues yo te digo: es preciso resistir a pie firme y batirse con las ollas en la mano.

**EVÉLPIDES**.-¿De qué nos servirán las ollas?

**PISTETERO**.-La lechuza no nos atacará[28].

**EVÉLPIDES**.-¿Y contra esas de uñas tan ganchudas?

**PISTETERO**.-Coge el asador y ponlo en ristre.

**EVÉLPIDES**.-¿Y para proteger los ojos?

**PISTETERO**.-Defiéndelos con un plato o con la vinagrera.

**EVÉLPIDES**.-¡Qué ingenio! ¡Qué habilidad, digna de un general consumado! Sabes más estrategia que Nicias[29].

**EL CORIFEO**.-¡Eleleleu! Adelante[30] y con el pico bajo; no vaciléis. Picad, desgarrad, herid, arrancad; romped primero la olla.

**ABUBILLA**.-Deteneos y decidme: ¿por qué, crueles, queréis matar y despedazar a dos hombres que ningún mal os han hecho, y que son, además, de la misma tribu y familia que mi esposa?

**EL CORIFEO**.-Pues qué, ¿se perdona a los lobos? ¿No son nuestros más feroces enemigos? Nunca encontraremos otros más dignos de castigo.

**ABUBILLA**.-Si la naturaleza los hizo enemigos, su intención les hace amigos, y vienen aquí a darnos un consejo útil.

**EL CORIFEO**.-¿Qué consejo útil pueden damos ni decirnos los enemigos de nuestros abuelos?

**ABUBILLA**.-Los sabios aprenden muchas cosas de sus enemigos. La desconfianza es la madre de la seguridad. Con un amigo jamás

---

[28] Porque los reconocerá como atenienses.
[29] Las estratagemas empleadas recientemente por Nicias en el sitio de Melos le habían dado celebridad.

aprenderíamos a ser cautos, al paso que un enemigo nos obliga a serlo; las ciudades, en un principio, aprendieron de sus enemigos, y no de sus amigos, a rodearse de altas murallas y a construir grandes naves, y con esta lección, a defender hijos, casas y haciendas.

**EL CORIFEO.**-Sea; me parece que podrá ser útil el oírles antes; puede recibirse alguna buena lección de un enemigo.

**PISTETERO.**-Su cólera parece calmarse. Retrocede un paso.

**ABUBILLA.**-Es muy justo; debéis de estarme agradecidos.

**PISTETERO.**-Cada vez se manifiestan más pacíficos; por consiguiente, deja en el suelo la olla y los platos; ahora, con la lanza terciada, digo, con el asador, paseémonos dentro del campamento, junto a la olla, y sin perderla de vista. No debemos huir.

**EVÉLPIDES.**-Tienes razón. Y si morimos, ¿en qué punto del globo nos enterrarán?

**EVELPIDES.**-En el Cerámico. Para que nos entierren por cuenta del Estado, diremos que hemos muerto peleando con los enemigos junto a Orneas[31].

**EL CORIFEO.**-¿Quiénes son esos hombres, y de dónde vienen?

**ABUBILLA.**-Son dos extranjeros de la sabia Hélade.

**EL CORIFEO.**-¿Qué buen viento les trae a la morada de las aves?

**ABUBILLA.**-La afición a vuestra vida y costumbres y el deseo de compartirlas y vivir con nosotros.

**EL CORIFEO.**-!Será verdad! ¿Y cuáles son sus proyectos?

**ABUBILLA.**-Increíbles, inauditos.

**EL CORIFEO.**-¿Hallan alguna ventaja en habitar aquí, o esperan que viviendo con nosotros podrán vencer a su enemigo y favorecer a sus amigos?

**ABUBILLA.**-Nos anuncian una felicidad inmensa, indecible e increíble, y demuestran con irrefutables argumentos que cuanto hay aquí y allí, y en todas partes, todo nos pertenece.

---

[30] ¡Eleleleul, grito de guerra.

**EL CORIFEO**.-¿Estarán locos?

**ABUBILLA**.-Su discreción no es para dicha.

**EL CORIFEO**.-¿Tienen talento?

**ABUBILLA**.-Son dos zorros redomados la astucia personificada, gente muy corrida e ingeniosa.

**EL CORIFEO**.-Diles, diles que vengan a hablarnos. Sin más que oír tus palabras, ya vuelo de gozo.

**ABUBILLA**.-*(Dirigiéndose a los criados.)* Recoged vosotros esas armas y colgadlas de nuevo en la cocina, junto al hogar, bajo la protección de los dioses domésticos. *(A Pistetero.)* Expón y demuestra a la Asamblea el objeto para el que ha sido convocada.

**PISTETERO**.-No, por Apolo; nada diré mientras no prometan, como aquel mono armero a su mujer, no morderme, ni desgarrarme, ni taladrarme el...

**EL CORIFEO**.-Nada temas.

**PISTETERO**.-Ni los ojos.

**EL CORIFEO**.-Lo prometo.

**PISTETERO**-Júralo.

**EL CORIFEO**.-Lo juro, a condición de que estén de mi parte todos los jueces y espectadores.

**PISTETERO**.-Convenido.

**EL CORIFEO**.-Y si no lo cumplo, que gane por un solo voto.

**PISTETERO**.-¿Pueblos, escuchad! Que los hoplitas recojan sus armas y vuelvan a sus hogares e infórmense de las órdenes que se fijen en los tablones[32].

**EL CORO**.-El hombre es un ser siempre y en todo falso; habla tú, sin embargo. Quizá me reveles algún proyecto que te parezca útil, o un medio de aumentar mi poder que a mí se me haya pasado por alto y que tú hayas visto. Habla; en inteligencia de que lo haces para el bien general, porque los bienes que me procures los dividiré contigo.

---

[31] Ciudad del Peloponeso, entre Corinto y Sicione, cuyo nombre significa pájaro. Poco antes de la representación de Las Aves, los atenienses habían sido derrotados en sus inmediaciones.

**EL CORIFEO**.-Manifiesta confiadamente los proyectos que te han traído aquí, pues bajo ningún pretexto romperé la tregua que contigo he pactado.

**PISTETERO**.-No deseo otra cosa; la masa de mi discurso está ya dispuesta, y sólo me falta amasarla. Esclavo, tráeme una corona y agua para las manos; pero pronto.

**EVÉLPIDES**.-¿Pero es que vamos a cenar?[33].

**PISTETERO**.-No, por Zeus; estoy buscando algunas palabras magníficas y sustanciosas para ablandar sus ánimos.
*(Dirigiéndose al Coro.)* Sufro tanto por vosotros, que en otro tiempo fuisteis reyes...

**EL CORIFEO**.-¿Nosotros reyes? ¿De quién?

**PISTETERO**.-Reyes de todo cuanto existe: de mí, en primer lugar; de éste; del mismo Zeus, porque sois anteriores a Cronos, a los Titanes y a la Tierra.

**CORO**.-¿A la Tierra?

**PISTETERO**.-Sí, por Apolo.

**ABUBILLA**.-He ahí, por Zeus, algo que yo ignoraba.

**PISTETERO**.-Es que sois ignorantes y descuidados y no habéis manoseado a Esopo. Esopo dice que la alondra nació antes que todos los seres y que la misma Tierra; su padre murió de enfermedad, cuando la Tierra aún no existía; permaneció cinco días insepulto, hasta que la alondra, ingeniosa por la fuerza de la necesidad, enterró a su padre en su cabeza.

**EVÉLPIDES**.-POr eso el padre de la alondra yace ahora en Céfale[34].

**PISTETERO**.-De modo que si las aves son anteriores a la Tierra y a los dioses, a ellas les pertenecerá el mando por derecho de antigüedad.

**EVÉLPIDES**.-Sí, por Apolo; procura, por tanto, fortificar tu pico, pues Zeus no devolverá así como así su cetro al pito real.

---

[32] Fórmula empleada para la promulgación de las leyes.
[33] Los preparativos para pronunciar un discurso y ponerse a la mesa eran muy parecidos.
[34] Nombre de un demo del Atica, que significa cabeza.

**PISTETERO**.-Hay infinitas pruebas de que las aves, y no los dioses, reinaron sobre los hombres en la más remota antigüedad. Empezaré por citaros al gallo, que reinó sobre todos los persas antes que todos sus monarcas, antes que Darío y Megabises; y en memoria de su reinado se le llama todavía el ave pérsica.

**EVÉLPIDES**.-¡Ah, comprendo! Por eso es la única de las aves que anda majestuosamente, como el Gran Rey, con la tiara recta sobre la cabeza.

**PISTETERO**.-Fué tan grande su poder y tan respetada su autoridad, que hoy mismo, como un vestigio de su dignidad antigua, en cuanto canta al amanecer, corren al trabajo y se calzan en la oscuridad todos los herreros, alfareros, curtidores, zapateros, bañeros, panaderos y fabricantes de liras y de escudos.

**EVÉLPIDES**.-Pregúntamelo a mí; precisamente un gallo tuvo la culpa de que perdiese un fino manto de lana frigia. Estaba yo en la ciudad convidado a un banquete que se daba para celebrar el acto de poner nombre a un niño, bebí algo y empecé a dormitar; en esto, y antes de que los demás convidados se sentasen a la mesa, se le ocurre cantar a un gallo; creyendo que era de día, marcho en dirección a Alimunte[35]; apenas salgo extramuros, un ladrón me asesta en la espalda un terrible garrotazo; caigo al suelo; voy a pedir socorro; pero era tarde; ya había desaparecido con mi manto.

**PISTETERO**.-El milano fue antiguamente jefe y rey de los helenos.

**EL CORIFEO**.-¿De los helenos?

**PISTETERO**.-Durante su reinado él fue quién les enseñó a arrodillarse a la vista de los milanos.

**EVÉLPIDES**.-Sí, por Dionysos; un día que me prosterné en presencia de uno de ellos, me eché al suelo con la boca abierta y me tragué un óbolo[36], por lo cual volví a casa con mi saco vacío[37].

---

[35] Demo del Atica.

[36] De los que llevaban en la boca, según costumbre muy generalizada.

[37] Sin duda, el saco que llevaba para comprar la harina con el óbolo pagado.

**PISTETERO**.-El cuco fue rey de Egipto y de toda la Fenicia; así es que cuando cantaba ¡cu-cu! todos los fenicios iban al campa a segar el trigo y la cebada.

**EVÉLPIDES**.-De ahí, sin duda, viene el proverbio: ¡Cu cu!, los circuncidados, al campo[38].

**PISTETERO**.- Tan grande fué el poder de la gente alada, que los reyes de las ciudades griegas, Agamenón y Menelao, llevaban en el extremo de su cetro una ave que participaba de sus presentes.

**EVÉLPIDES**.-No sabía yo eso; así es que me admiraba cuando Príamo se presentaba en las tragedias con un pájaro que observaba fijamente a Lisícrates[39] y los regalos con que se deja sobornar.

**PISTETERO**.-Pero oíd la prueba más contundente: Zeus, que ahora reina, lleva sobre su cabeza un águila, atributo de su soberanía; su hija lleva una lechuza, y Apolo, su ministro un azor.

**EVÉLPIDES**.-¡Es verdad, por la venerable Deméter! Mas ¿para qué llevan esas aves?

**PISTETERO**.-Para que en los sacrificios, cuando según el rito, se ofrecen las entrañas a los dioses, las aves reciban su parte antes que Zeus. Entonces ningún hombre juraba por los dioses, sino todos por las aves.

**EVELPIDES**.-Lampón aún jura por el ganso, cuando quiere engañar[40].

**PISTETERO**.-¡En tanta estima y veneración tenían entonces a los que ahora sois considerados como imbéciles y esclavos viles! Hoy os apedrean como a los dementes; hoy os arrojan de los templos; hoy infinitos cazadores os tienden lazos y preparan contra vosotros varetas, cepos, hilos, redes y pihuelas; hoy os venden a granel después de cogidos, y ¡oh, colmo de ignominia¡, los compradores Os tantean para ver si estáis gordos. ¡Y si se contentasen al menos con asaros! Pero hacen un menudo picadillo de silfio y queso, aceite y vinagre; le agregan otros

---

[38] Los egipcios y fenicios practicaban la circuncisión.
[39] General ateniense, ambicioso y venal.

condimentos dulces y crasos y derraman sobre vosotros esta salsa hirviente, comO si fué seis carnes corrompidas.

**EL CORO.**-Acabas de hacernos, hombre querido, un triste, tristísimo relato. ¡Cuánto deploro la incuria de mis padres que, lejos de transmitirme los honores heredados de sus abuelos, consintieron que fuesen abolidosi Pero, sin duda, algún numen propicio te envía para que me salves; a tí me entrego, pues, confiadamente con mis pobres polluelos. Dinos lo que hay que hacer; porque seríamos indignos de vivir, si no reconquistásemos por cualquier medio nuestra soberanía.

**PISTETERO.**-Opino primeramente que todas las aves se reúnan en una sola ciudad, y que las llanuras del aire y de este inmenso espacio se circunden de un muro de grandes ladrillos cocidos, como los de Babilonia.

**ABUBILLA.**-¡Oh!, Cebrión; ioh!, Porfirión[41], ¡qué terrible plaza fuerte!

**PISTETERO.**-Cuando hayáis construido esa muralla, reclamaréis el mando a Zeus; y si se obstina en no acceder declaradle una guerra sagrada y prohibid a los dioses que atraviesen como antes vuestros dominios y que desciendan a la tierra, enardecidos por su adúltero amor a las Alcmenas, Alopes y Semeles; y si se presentan, hay que ponerles un anillo alrededor del glande para que no puedan unirse a ellas. Enviad en seguida otro alado embajador a los hombres para que les haga entender que, siendo las aves dueñas del mundo, a ellas deben ofrecer primero sus sacrificios y después a los dioses, y que deberán agregar a cada divinidad el ave que le convenga; si, por ejemplo, sacrifican a Afrodita, ofrecerán al mismo tiempo cebada a la picaza marítima; si matan una oveja en honor de Poseidón, presentarán granos de trigo al ánade; si un buey a Heracles, tortas con miel a la gaviota; si inmolan un carnero en las aras de Zeus-Rey, rey es también el reyezuelo y, por consiguiente, habrá de consagrársele, antes que al mismo Zeus, un mosquito macho.

---

[40] Lampón era un adivino. En griego sólo hay una letra de diferencia entre el nombre de Zeus y la voz de ganso.
[41] Nombres de pájaros y de gigantes.

**EVELPIDES**.-Me agrada ese sacrificio de un mosquito. ¡Que truene ahora el gran Zeus!

**ABUBILLA**.-Pero ¿cómo nos tendrán los hombres por dioses, y no pOr grajos, al ver que volamos y tenemos alas?

**PISTETERO**.-No sabes lo que dices; Hermes, que es todo un dios, tiene alas y vuela, y lo mismo otras muchas divinidades: la Victoria vuela con alas de oro, el Amor tiene las suyas, y Homero compara a Iris cOn una tímida paloma.

**ABUBILLA**.-¿No tronará Zeus? ¿No lanzará contra nosotros su alígero rayo?

**PISTETERO**.-Si los hombres, en su ceguedad, se obstinan en despreciaros y en tener por dioses sólo a los del Olimpo, lanzad sobre la tierra una nube de gorriones que arrebaten de los surcos las semillas; veremos si Deméter baja a distribuir trigo a los hambrientos.

**EVÉLPIDES**.-No lo hará, de seguro; veréis cómo alega mil pretextos.

**PISTETERO**.-Además, que los cuervos, para probar que sois dioses, saquen los ojos a los bueyes de labranza y a Otros ganados, y que enseguida los cure Apolo, que es médico; para eso le pagan.

**EVÉLPIDES**.-¡Eh, no! Aguarda a que haya vendido mi parejita.

**PISTETERO**-Por el contrario, si los hombres os tienen a tí por un dios, a tí por la vida, a tí por Cronos, a tí por Poseidón, lloverán sobre ellos todos los bienes.

**ABUBILLA**.-Dime siquiera uno de ellos.

**PISTETERO**.-En primer lugar, los saltamontes no devorarán las flores de sus viñas, porque un solo escuadrón de lechuzas y cernícalos dará buena cuenta de ellas. Después sus higos estarán libres de mosquitos y cínifes que serán devorados por un escuadrón de tordos.

**ABUBILLA**.-¿Pero cómo les daremos las riquezas, que es lo que más quieren?

**PISTETERO**.-Cuando consulten a las aves, indicaréis al adivino las minas más ricas y los tráficos más lucrativos; ni un marino perecerá.

**ABUBILLA**.-¿Por qué no perecerá?

**PISTETERO**.-Porque cuando consulte los auspicios sobre la navegación no faltará nunca un ave que le diga: «No te embarques, habrá tempestad»; o «embárcate, tendrás ganancias.»

**EVÉLPIDES**.-Compro un navío y me lanzo al mar; no quiero ya vivir con vosotros.

**PISTETERO**.-Revelaréis también a los hombres el lugar donde se ocultan los tesoros enterrados por sus padres; porque todos lo sabéis. De aquí el proverbio: «Nadie sabe dónde está mi tesoro, como no sea algún pájaro.»

**EVÉLPIDES**.-*(Aparte.)* Vendo mi barco; compro un azadón, y la desenterrar ollas de oroi

**ABUBILLA**.-¿Y cómo darles la salud de que gozan los dioses?

**PISTETERO**.-¿Qué mejor salud que la felicidad? Créeme, un hombre desgraciado nunca está bueno.

**ABUBILLA**.-Pero ¿cómo llegarán a la vejez? Porque como ésta habita en el Olimpo, habrán de morir en la infancia.

**PISTETERO**.-Todo lo contrario; las aves prolongaréis su vida trescientos años.

**ABUBILLA**.-¿De quién los tomaremos?

**PISTETERO**.-¿De quién? De vosotros mismos. ¿Ignoras que la graznadora corneja vive cinco vidas de hombre?

**EVÉLPIDES**.-¡Ah, cuánto más grato será su imperio que el de Zeus!

**PISTETERO**.-¿Quién lo duda? En primer lugar, no tendremos que consagrarles templos de piedra cerrados con puertas de oro, porque habitarán entre el follaje de las encinas; un olivo será el templo de las aves más veneradas; además, para ofrecerles sacrificios no habrá que hacer ningún viaje a Delfos o Amnon[42], sino que parándonos delante de los madroños y acebuches, les presentaremos un puñado de trigo o de cebada, suplicándoles, con las manos extendidas, que nos concedan parte de sus bienes, y los conseguiremos sin más dispendios que un poquillo de grano.

**EL CORIFEO**.-¡Oh, anciano, que después de haberme sido tan odioso me eres ahora tan querido, nunca por mi voluntad me apartaré de tus consejos!

**EL CORO**.-Animado por tus palabras, he prometido y jurado que si tú, fiel a tus promesas, te unes a mí, sin dolo alguno para atacar a los dioses, éstos no conservarán mucho tiempo el cetro que me pertenece. Todo lo que dependa de la fuerza queda a nuestro cargo, y al tuyo lo que exija habilidad y consejo.

**ABUBILLA**.-¡Por Zeus! Que no es tiempo de dormirse v dar largas a la manera de Nicias, sino de obrar con energía y rapidez. Entrad en mi nido de pajas y ramaje y decidnos vuestros nombres.

**PISTETERO**.-Es fácil; me llamo Pistetero.

**ABUBILLA**.-¿Y ése?

**PISTETERO**.-Evélpides, de la aldea de Crisa.

**ABUBILLA**.-Sed ambos bienvenidos.

**PISTETERO**.-Aceptamos el augurio.

**ABUBILLA**.-Entrad, pues.

**PISTETERO**.-Vamos, dirígenos tú.

**ABUBILLA**.-Venid.

**PISTETERO**.-¡Ah, cielos! Ven, vuelve acá. ¿Cómo éste y yo, que no tenemos alas, os hemos de seguir cuando voléis?

**ABUBILLA**.-Muy fácilmente.

**PISTETERO**.-Piénsalo bien; mira que Esopo dice en sus fábulas que a la zorra le causó grave perjuicio su alianza con el águila.

**ABUBILLA**.-Nada temas; hay una raíz que os dará alas en cuanto la comáis.

**PISTETERO**.-Entremos cOn esa condición. Ea, Xantias, y tú, Manodoro[43], coged nuestro equipaje.

---

[42] Templo y oráculo·de Zeus en Libia.
[43] Nombres de esclavos.

**EL CORIFEO**.-¡Hola¡ ¡Eh, Abubilla! A tí te llamo.

**ABUBILLA**.-¡Qué me quieres?

**EL CORIFEO**.-Llévate a ésos y dales bien de comer, pero déjanos aquí al melodioso ruiseñor, de canto tan suave como el de las musas; que venga para que juguemos con ella[44].

**PISTETERO**.-Sí, por Zeus cede a sus deseos; hazla salir de entre las floridas gañas. Por los dioses te pido que la llames para que contemplemos también nosotros al ruiseñor.

**ABUBILLA**.-Puesto que lo deseáis, fuerza es obedeceros: sal, Procne, y muéstrate a nuestros huéspedes.


*(Sale Procne)*


**PISTETERO**-¡Oh, venerado Zeus! ¡Qué linda avecilla¡ ¡Qué tierna! Qué brillante!

**EVÉLPIDES**.-¡Con qué placer la abriría yo de piernas¡

**PISTETERO**.-¡Cuánto oro! Parece una virgen.

**EVÉLPIDES**.-Tentado estoy de darle un beso.

**PISTETERO**.-Pero, desdichado, ¿no ves que tiene por pico dos asadores?

**EVÉLPIDES**.-¿Qué importa? ¿Hay más que quitarle la cascarilla que le cubre la cabeza, como si fuese un huevo, y besarla después?

**ABUBILLA**.-Vamos.

**PISTETERO**.-Guíanos en hora buena. Sé nuestra guía y la buena suerte de los dos.

**EL CORO**.-Amable avecilla, el más querido de mis alados compañeros, mi señor, que presides nuestros cantos; al fin viniste a mi presencia; viniste para dejar oír tu suavísimo gorjeo. Tú, que en la flauta armoniosa tañes primaverales melodías, preludia nuestros anapestos.

**EL CORIFEO**.-Ciegos humanos, semejantes a la hoja ligera, impotentes criaturas hechas de barro deleznable, míseros mortales que, privados de alas, pasáis vuestra vida fugaz como vanas sombras o ensueños mentirosos, escuchad a las aves, seres inmortales y eternos, aéreos, exentos de la vejez y ocupados siempre en pensamientos perdurables; nosotros os daremos a conocer los fenómenos celestes, la naturaleza de las aves y el verdadero origen de los dioses, de los ríos, del Erebo y del Caos; con tal enseñanza podréis causar envidia al mismo Pródigo[45]. En el principio sólo existían el Caos y la Noche, el negro Erebo y el profundo Tártaro; la tierra, el Aire y el Cielo no habían nacido todavía; al fin, la Noche de negras alas puso en el seno infinito del Erebo un huevo sin germen, del cual, tras el proceso de largos siglos, nació el apetecido Amor con alas de oro resplandeciente, y rápido como el torbellino. El Amor, uniéndose en los abismos del Tártaro al Caos alado y tenebroso, engendró nuestra raza, la primera que nació a la luz. La de los inmortales no existía antes de que el Amor mezclase los gérmenes de todas las cosas; pero, al confundirlos, brotaron de tan sublime unión el Cielo, la Tierra, el Océano y la raza eterna de las deidades bienaventuradas. He aquí cómo nosotros somos muchísimo más antiguos que los dioses. Nosotros somos hijos del Amor; mil pruebas lo confirman; volamos como él y favorecemos a los amantes. ¡Cuántos lindos muchachos habiendo jurado ser insensibles, se rindieron a sus amantes al declinar su edad florida, vencidos por el regalo de una codorniz, de un porfirión, de un ánade o de un gallo! Nos deben los mortales sus mayores bienes. En primer lugar, anunciamos las estaciones; la primavera, el invierno y' el otoño; la grulla, al emigrar a Libia, advierte al labrador que siembre; al piloto, que cuelgue el timón y se entregue al descanso; a Orestes, que se mande tejer un manto para que el frío no le incite a robárselo a los transeúntes. El milano anuncia, al aparecer, otra estación y el momento Oportuno de trasquilar los primaverales vellones; y la golondrina dice que ya es preciso abandonar el manto y vestirse una túnica ligera. Las aves reemplazamos para vosotros a Anmon, a Delfos, a Dodona y a Apolo.

---

[44] ya hemos dicho que el ruiseñor en cuestión era Procne, la propia amada de Abubilla.
[45] Filósofo de gran notoriedad.

Para todo negocio comercial, O compra de víveres, o matrimonios nos consultáis previamente y dáis el nombre de auspicios a todo cuanto sirve para revelaros el porvenir; una palabra es un auspicio; un estornudo es un auspicio; un encuentro es un auspicio. Una voz es un auspicio, el nombre de un esclavo es un auspicio; un asno es un auspicio. ¿No está claro que somos para vosotros el fatídico Apolo? Si nos reconocéis por dioses, hallaréis en nosotros las Musas proféticas, los vientos suaves, las estaciones, el invierno el estío, un calor moderado; no iremos, como Zeus, a posarnos orgullosos sobre las nubes, sino que, viviendo a nuestro lado, os dispensaremos a vosotros y a vuestros hijos, y a los hijos de vuestros hijos, riquezas y salud, felicidad, larga vida; juventud; risas; danzas; banquetes; delicias increíbles, en fin, tal abundancia de bienes que llegaréis a saciaros. ¡Tan ricos seréis todos!

Musa silvestre de variados tonos, tio, tio, tio, tio; tio; tio; tio, tix, yo canto contigo en las selvas y en la cumbre de los montes: tio, tio, tio, tio, tix; posado entre el follaje de un copudo fresno; tio, tio, tio, tio, tix; exhalo de mi delicada garganta himnos sagrados; tio, tio, tio, tix; que se unen en las montañas a los augustos coros en honor de Pan y la madre de los dioses; to, to, to, to, to; to; to; to; to; tix. En ellos, a modo de abeja, liba Frínico el néctar de sus inmortales versos y de sus dulcísimas canciones, tio, tio, tio, tio, tix.

**EL CORIFEO**.-*(A los espectadores.)* Si alguno de vosotros quiere pasar dulcemente su existencia viviendo con las aves, que acuda a nosotros. Todo lo que en la tierra es torpe y se halla prohibido por las leyes, goza entre la gente alígera de un pequeño honor. Entre los hombres, por ejemplo, es un crimen odioso el pegar a su padre; entre las aves, nada más bello que acometerle gritando: si riñes, coge tu espolón. El siervo prófugo, marcado con infamante estigma, pasa aquí por pintado francolín; un bárbaro, un frigio, tal como Espíntaro, será entre nosotros el frigilo, de la familia de Filemón; un esclavo de Caria, Execéstides, por ejemplo, podrá proveerse entre las aves de abuelos y parientes. ¿Qué más? ¿Quiere el hijo de Pisias abrir las puertas a los infames? Pues transfórmese en perdiz, digno hijo de su padre, que por acá no es deshonroso escaparse como la perdiz.

**EL CORO**.-Así, los cisnes, tío, tio, tio; tio; tio; tio; tio, tix, uniendo sus voces y batiendo las alas, cantan a Apolo, tio, tio, tio, tix; deteniéndose en las orillas del Hebro, tio: tio; tio, tix, sus acentos atraviesan las etéreas nubes, escúchanlos las fieras arrobadas y el mar serenando sus olas, to, to, to, to, to, to, to; tio; tio; tix; todo el Olimpo resuena; los dioses inmortales las Musas y las Gracias repiten gozosos aquella melodía: tio, tio, tio, tix.

**EL CORIFEO**.-Nada mejor, nada hay más agradable que tener alas. Si uno de vosotros las tuviese, podría, cuando asistiendo impaciente y malhumorado a una interminable tragedia, se sintiese desfallecer de hambre, volar a su casa, comer y regresar satisfecho su apetito. Si Patróclides se viera acosado en el teatro por una apremiante necesidad, no tendría que ensuciar su manto, pues volaría a otra parte, y después de desahogarse, tornaría a su asiento recobradas las fuerzas. Aún más; si alguno de vosotros, no importa quién, abrasado por adúltera llama, distinguía al marido de su amante en las gradas de los Senadores, podría, extendiendo sus alas, trasladarse a la amorosa cita, y satisfecha su pasión, volver a su puesto. ¿Comprendéis ahora las inmensas ventajas de ser alado? Por eso Diitrefes[46], aunque sólo tiene alas de mimbre, ha sido nombrado filarco primero; después hiparco; y de hombre de nada, se ha convertido en gran personaje, y hoy es ya el gallito de su tribu.

**PISTETERO**.-*(Que vuelve provisto de alas, lo mismo que Evélpides.)* Ya está.

**EVÉLPIDES**.-POr Zeus, nunca vi nada tan cómico.

**PISTETERO**.-¿De qué te ríes?

**EVÉLPIDES**.-De tus alas. ¿Sabes lo que pareces con ellas?

**PISTETERO**.-Tú sí; a un ganso pintado de brocha gorda.

**EVÉLPIDES**.-Y tú un mirlo tonsurado.

---

[46] Cestero, que se enriqueció fabricando botellas de mimbre.

**PISTETERO**.-Nosotros lo hemos querido; y como dice Esquilo: «No son plumas de otro, sino nuestras.»

**EL CORIFEO**.-Pero veamos, ¿qué hemos de hacer?

**PISTETERO**.-Lo primero, darle a nuestra ciudad un nombre ilustre y pomposo; después, ofrecer un sacrificio a los dioses.

**EVÉLPIDES**.-Lo mismo digo yo.

**EL CORIFEO**.-¿Qué nombre le pondremos a nuestra ciudad?

**PISTETERO**.-¿Queréis que le demos uno magnífico, tomado de Lacedemonia? ¿Queréis que la llamemos Esparta?

**EVÉLPIDES**.-¡Por Heracles! ¿Esparta mi ciudad? Cuando ni siquiera consiento que sea de esparto mi lecho, aunque sólo tenga una estera de junco.

**PISTETERO**.-¿Pues qué nombre le daremos?

**EVELPIDES**.-Uno magnífico, tomado de las nubes y de estas elevadas esferas.

**PISTETERO**.-¿Te gusta el de Nefelococigia?[47].

**ABUBILLA**.-¡Oh! ¡Oh! Ese sí que es bello y grandioso.

**EVÉLPIDES**.-¿No es en Nefelococigia donde están todas las grandes riquezas de Teógenes y Esquines?[48].

**PISTETERO**.-No; donde están es en el llano de Flegra,[49] en el que los dioses aniquilaron la arrogancia de los gigantes.

**EVÉLPIDES**.-Será una ciudad hermosísima. Pero ¿cuál será su divinidad protectora? ¿Para quién tejeremos el peplo?

**PISTETERO**.-¿Por qué no escogemos a Atenea Polias?

**EVÉLPIDES**.-¿Cómo podrá reinar buen orden en una ciudad donde una diosa lleve una panoplia y Clistenes... una rueca?

**EL CORIFEO**.-¿Quién guardará el muro pelárgico de la ciudad?[50]

**PISTETERO**.-Un ave.

**EL CORIFEO**.-¿Uno de nosotros? ¿De qué raza?

---

[47] Significa ciudad de las nubes y los cucos.
[48] Ciudadanos que se jactaban de tener riquezas, siendo pobrísimos.
[49] Otro lugar imaginario.
[50] Pelárgico y no pelásgfco. Literalmente muro de las cigüeñas. Rodeaba a la antigua ciudadela de Atenas.

**PISTETERO**.-De la raza pérsica, que es el más valiente de todos; un ave de Ares[51].

**EVÉLPIDES**.-¡Oh gallo y señor! ¡Es un dios a propósito para vivir entre las rocas!

**PISTETERO**.-Ea, vete al aire, a ayudar a los albañiles que construyen la muralla: llévales morrillos; desnúdate y haz mortero; sube la gamella; cáete de la escala; pon centinelas; guarda el fuego bajo la ceniza; ronda con tu campanilla, y duérmete; envía luego dos heraldos: uno, arriba, a los dioses; otro, abajo, a los hombres, y después vuelve a mi lado.    **EVÉLPIDES**.-Tú quédate aquí, y revienta.

**PISTETERO**.- Anda, amigo mío, adonde te envío; nada de cuanto te he dicho puede hacerse sin tí. Yo voy a ofrecer un sacrificio a los nuevos dioses, y a llamar al sacerdote para que presida la procesión. ¡Eh, tú, esclavo!, trae el canastillo y el agua lustral.

**EL CORO**.-Yo uno a las tuyas mis fuerzas y mi voluntad, y te exhorto a dirigir a los dioses súplicas espléndidas y solemnes, y a inmolar una víctima en acción de gracias. Entonemos en honor del dios canciones píticas acompañadas por la flauta de Queris.

**PISTETERO**.-*(Primero al flautista y luego al sacerdote.)* Tú, deja de soplar. ¡Heracles! ¿Qué veo? Por Zeus, muchos prodigios he visto, pero nunca a un cuervo con bozal[52]. Sacerdote cumple tu deber y sacrifica a los nuevos dioses.

**EL SACERDOTE**.-Lo haré. ¿Dónde está el que lleva el canastillo? Rogad a la Hera de las aves, al milano protector del hogar y a todos los pájaros, olímpicos y olímpicas, dioses y diosas...

**PISTETERO**.-¡Salve, gavilán protector de Sunio, rey pelásgico!

**EL SACERDOTE**.-Al cisne Pítico y Delio; a Leto, madre de las codornices; a Artemis, Jilguero...

**PISTETERO**.-En adelante no habrá Artemis Colenis, sino Artemis-Jilguero.

---

[51] El gallo.
[52] Los flautistas se colocaban una correa delante de la boca.

**EL SACERDOTE**.- ...Y al frigilo Sabacio[53], a Cibeles avestruz, augusta madre de los dioses y los hombres...

**PISTETERO**.-¡Oh poderosa Cibeles avestruz, madre de Cleócrito[54].

**EL SACERDOTE**.-Que den salud y felicidad a los nefelococigios y a sus aliados de Quíos[55].

**PISTETERO**.-Me gusta ver en todas partes a los de Quíos.

**EL SACERDOTE**.-A los héroes, a las aves, a los hijos de los héroes, al porfirión, al pelícano, al pelecino, al fléxide; al tetraón, al pavo real, al elea, a la cerceta, al elasa; a la garza, al mergo, al becafigo, al pavo...

**PISETERO**.-Acaba, hombre infernal; acaba tus invocaciones. Desdichado, ¿a qué víctimas llamas a los buitres y a las águilas de mar? ¿No ves que un milano basta para devorar estas viandas? ¡Lárgate de aquí con tus ínfulas! Ofreceré yo solo el sacrificio.

**EL SACERDOTE**.-Es preciso que para la aspersión entone un nuevo himno sacro y piadoso, e invoque a los dioses, a uno siquiera, si es que tenéis bastantes provisiones, pues vuestras decantadas víctimas veo que se reducen a barbas y cuernos.

**PISTETERO**.-Oremos al sacrificar a los dioses alados.

**UN POETA**.-*(Que sale recitando.)* Celebra, oh Musa, con tus himnos y canciones a la feliz Nefelococigia.

**PISTETERO**.-¿De dónde sale éste? Di, ¿quién eres tú?

**EL POETA**.-Soy un aedo melifluo, un trabajoso servidor de las Musas, como dice Homero.

**PISTETERO**.-Si eres esclavo, ¿cómo llevas largo el cabello?[56].

**EL POETA**.-No es eso; todos los poetas somos trabajosos servidores de las Musas, al decir de Homero.

**PISTETERO**.-Ya no me asombro: tu manto demuestra muchos años de servicio. Pero, desdichado poeta, ¿qué mal viento te ha traído aquí?

---

[53] Dionysos.
[54] Alude a la traza de avestruz de Cleócrito.
[55] Quíos era una de las aliadas más fieles de Atenas.
[56] Los esclavos llevaban la cabeza rapada. .

EL POETA.- -He compuesto en honor de vuestra Nefelococigia varios cantos, hermosos ditirambos y partenias[57], y algunas odas al estilo de Simónides.

**PISTETERO**.-¿Cómo has compuesto esas cosas? ¿Y desde cuándo?

**EL POETA**.-Hace mucho, mucho tiempo que canto las alabanzas de esta ciudad.

**PISTETERO**.-¡Pero si en este instante celebro la fiesta de su fundación, y acabo de ponerla un nombre como a los niños de diez días![58].

**EL POETA**.-¡Qué importa! La voz de las Musas vuela como los más rápidos corceles. ¡Oh tú, padre mío, fundador del Etna; tú, cuyo nombre recuerda los divinos templos, otórgame propicio los bienes que para tí desearías!

**PISTETERO**.-No nos vamos a quitar de encima esta calamidad, si no le damos alguna cosa. Tú *(dirigiéndose a uno de los presentes,)* que tienes ese abrigo sobre la túnica, quítatelo y dáselo a este discretísimo poeta. *(Al poeta.)* Toma este abrigo, pues me parece que estás tiritando.

**EL POETA**.-Mi Musa acepta regocijada este presente. Pero escucha estos versos pindáricos...

**PISTETERO**.-¿Cuándo acabará por marcharse este importuno?

**EL POETA**.-              Sin vestido de lino

Vaga Estratón en el confín helado

Del errabundo escita:

Burdo manto le han dado,

Pero aún túnica fina necesita.

¿Comprendes lo que quiero decir?

**PISTETERO**.-¡Vaya si comprendo! Quieres que te regale una túnica *(A un criado.)* Quítatela: es preciso obsequiar a los poetas *(Al poeta.)* Tómala y vete.

---

[57] Versos cantados por coros de doncellas
[58] A los diez días de su nacimiento se ponía nombre a los niños, celebrándose este suceso con un banquete.

EL **POETA**.-Me voy; pero al marcharme, compongo estos versos en honor de vuestra ciudad:

> Númen de áureo trono,
>
> Celebra esta ciudad
>
> Que tirita a los soplos   De un céfiro glacial.
>
> Yo su campiña fértil
>
> Vengo de visitar,
>
> Alfombrada de nieve.
>
> ¡Tralalá, tralalá!

*(Vase.)*

**PISTETERO**.-Sí, pero te escapas de estos helados campos con una buena túnica. Jamás hubiera creído, Zeus soberano, que ese maldito poeta pudiera adquirir tan pronto noticias de esta ciudad. *(Al Sacerdote.)* Coge la vasija[59] y da vuelta al altar.

**EL SACERDOTE**.-¡Silencio¡

**EL ADIVINO**.-*(Entrando y dirigiéndose al Sacerdote.)* No empieces inmolando al chivo.

**PISTETERO**.-Y tú quién eres?

**EL ADIVINO**.-¿Qué quién soy? Un adivino.

**PISETERO**.-Entonces, ¡lárgate de aquí!

**EL ADIVINO**.-Amigo mío, no desprecies las cosas divinas: hay una profecía de Bacis que se refiere claramente a Nefelocogia.

**PISTETERO**.-¿Por qué no me hablaste de ese oráculo antes de fundar la ciudad?

**EL ADIVINO**.-La Divinidad me lo impedía.

**PISTETERO**.-No hay inconveniente en que oigamos el vaticinio.

**EL ADIVINO**.-*(Leyendo en un papiro.)* «Cuando los lobos y las blancas palomas habiten juntos entre Corinto y Sicione... »

**PISTETERO**.-Pero ¿qué tenemos que ver nosotros con los Corintios?

**EL ADIVINO**.-Al expresarse de ese modo Bacis, se refería al aire. «Sacrificad primeramente a Pandora un blanco vellocino, y después regalad al profeta que interprete mis oráculos un buen vestido y zapatos nuevos...»

**PISTETERO**.-¿También zapatos?

**EL ADIVINO**.-Toma y lee. «Y dadle, además, una copa y un buen trozo de las entrañas de la víctima.»

**PISTETERO**.-¿También dice «darle un trozo de las entrañas»?

**EL ADIVINO**.-Toma y lee. «Joven divino, si obedecieres mis mandatos, serás un águila en las nubes; si no le das nada, ni tórtola, ni águila, ni pito real.»

**PISTETERO**.-¿También dice eso?

**EL ADIVINO**.-Toma y lee.

**PISTETERO**.- Pero tu oráculo en nada se parece a otro que escribí yo mismo bajo la inspiración de Apolo. Escucha: «Cuando, sin que nadie le llame, venga un charlatán a molestarte mientras estás ofreciendo un sacrificio y pida una porción de las entrañas, deberás molerle las costillas a palos.»

**EL ADIVINO**.-Supongo que bromeas.

**PISTETERO**.-Toma y lee. (Y no le perdones, aunque sea un águila en las nubes, aunque sea Lampón, aunque sea el gran Diopites.»

**EL ADIVINO**.-¿También dice eso?

**PISTETERO**.-Toma lee y ¡lárgate... a los cuervos!

**EL ADIVINO**.-¡Ay, pobre de mí!

**PISTETERO**.-¿Vas a largarte rápido y vaciar en otra parte tus oráculos?

**METÓN**.-(Geómetra.) Vengo a veros para...

**PISTETERO**.-Otro importuno. ¿Qué te trae aquí? ¿Cuáles son tus proyectos? ¿Qué te propones viniendo tan encopetado con tus coturnos?

**METÓN**.-Quiero medir las llanuras aéreas, y dividirlas en parcelas.

**PISTETERO**.-En nombre de los dioses, quién eres?

---

[59] Es decir, la que contiene el agua lustral.

**METÓN**.-¿Quién soy? Metón, conocido en toda la Hélade y en la aldea de Colona.

**PISTETERO**.-Dime, ¿qué es eso que traes ahí?

**METÓN**.-Reglas para medir el aire. Pues todo el aire, en su forma general, es enteramente parecido a un horno. Por tanto, aplicando por arriba esta línea curva y ajustando el compás... ¿Comprendes?

**PISTETERO**.-Ni una palabra.

**METÓN**.-Con esta otra regla trazo una línea recta, inscribo un cuadrado en el círculo y coloco en su centro el Agora; a ella afluirán de todas partes calles derechas, del mismo modo que del sol, aunque es circular, parten rayos rectos en todas direcciones.

**PISTETERO**.-¡Este hombre es un Táles... Metón!

**METÓN**.-¿Qué?

**PISTETERO**.-Ya sabes que te quiero; pero voy a darte un buen consejo: márchate cuanto antes.

**METÓN**.-¿Qué peligro corro?

**PISTETERO**.-Aquí, como en Lacedemonia, es costumbre expulsar a los extranjeros, y en toda la ciudad llueven garrotazos sobre ellos.

**METÓN**-¿Es que, por acaso, estáis en revolución?

**PISTETERO**.-No, ciertamente, por Zeus.

**METÓN**. ¿Qué ocurre entonces?

**PISTETERO**.-Que hemos tomado por unanimidad la decisión de pulverizar a todos los impostores.

**METÓN**.-En este caso, voy a largarme.

**PISTETERO**.-Sí, por Zeus; y aún no sé si podrás escapar, pues aquí está ya la tormenta. *(Le pega.)*

**METÒN**.-*(Huyendo.)* ¡Desdichado de mí!

**PISTETERO**.-¿No te lo decía hace tiempo? Vete con tus medidas a otra parte y bien lejos de aquí.

**UN INSPECTOR**.-*(Que llega mientras Metón huye.)* ¿Dónde están los próxenos?[60].

**PISTETERO**.-¿Quién es este Sardanápalo?

**EL INSPECTOR**.-Soy un inspector, designado por la suerte para ejercer mi vigilancia en Nefelococigia.

**PISTETERO**—¡Un inspector! ¿Y quién te ha enviado?

**EL INSPECTOR**.-Un maldito oráculo de Teleas.

**PISTETERO**.-¿Quieres recibir tu paga y marcharte, sin más historias.

**EL INSPECTOR**.-Sí, por los dioses; precisamente tenía hoy necesidad de estar en Atenas para asistir a la Asamblea: tengo un asunto de Farnaces[61].

**PISTETERO**.-Toma y vete; aquí tienes tu paga (Le pega.)

EL **INSPECTOR**.-¿Qué es esto?

**PISTETERO**.-Es la Asamblea en que has de defender a Farnaces.

**EL INSPECTOR**—¡Sed testigos de que me pega! ¡A mí! ¡A un inspector)

**PISTETERO**.-¿No te irás con tus malditas urnas judiciales? Esto es el colmo: ¡enviar inspectores a una ciudad antes de haber terminado los sacrificios de los dioses!

(El inspector huye. Llega un vendedor de decretos.)

**EL VENDEDOR DE DECRETOS**.-«Todo ciudadano de Nefelococigia que produjese daños a uno de Atenas...»

**PISTETERO**.-¿Qué nueva calamidad es ésta, cargada de pergaminos?

**EL VENDEDOR DE DECRETOS**.-Soy un vendedor de decretos, y vengo a venderos leyes nuevas.

**PISTETERO**.-¿Cuáles?

**EL VENDEDOR DE DECRETOS**.-«Los habitantes de Nefelococigia tendrán las mismas leyes, pesos y medidas que los Olofixios[62].

---

[60] Magistrados encargados de recibir a los extranjeros que venían a Atenas.
[61] Agente del Rey de Persia en Atenas.

**PISTETERO**.-Ahora vas a conocer las de los Ototixios [63].

**EL VENDEDOR DE DECRETOS**.-Pero ¿qué te pasa, hombre?

**PISTETERO**.-Si no te largas con tus decretos te voy a aplicar otros bien duros.

**EL INSPECTOR**.-*(Volviendo.)* Cito en justicia y por injurias a Pistetero para el mes muniquión[64].

**PISTETERO**.-!Cómo! ¿Aún estabas ahí?

**EL VENDEDOR DE DECRETOS**.-«El que expulsase a un magistrado y no le recibiese como prescribe el edicto fijado en la columna...»

**PISTETERO**.-*(Al Inspector.)* ¡Oh desdicha! ¿Ahí estabas también tú?

**EL INSPECTOR**.-¡Ya me las pagarás) He de hacer que te condenen a mil dracmas de multa.

**PISTETERO**.-Yo haré pedazos tus urnas.

**EL INSPECTOR**.-¿Te acuerdas de aquella tarde en que hiciste tus necesidades junto a la columna de los edictos?

**PISTETERO**.-¡Ea! Echadle mano a ése. ¡Hola! Parece que no te quedas.

**EL SACERDOTE**.-Marchémonos de aquí cuanto antes y sacrifiquemos dentro, el macho cabrío.


*(Vanse todos)*


**EL CORO**.-En adelante, todos los mortales me ofrecerán sus votos y sacrificios a mí, que todo lo inspecciono y gobierno. Porque con mi vista abarco el mundo entero y conservo los frutos en flor, destruyendo las infinitas castas de animales que en el seno de la tierra o en las ramas de los árboles los devoran antes de que hayan brotado del tierno cáliz. Yo mato los insectos que corrompen con su fétido contacto los    perfumados

---

[62] Habitantes de Olofixo, ciudad situada al pie del monte Athos, dependientes de Atenas; Nefelococigia es considerada por los atenienses como una colonia suya, y por eso tratan de imponerle las leyes de la metrópoli.
[63] Pueblo imaginario de Aristófanes, cuya radical significa «llorar»

huertos; y todos los reptiles y venenosos sapos mueren al golpe de mis forzudas alas.

**EL CORIFEO.-** Hoy que se pregona principalmente este edicto: «El que matase a Diágoras Meliense[65], recibirá un talento, el «que matase a uno de nuestros tiranos, recibirá un talento», queremos nosotros promulgar también este decreto: «El que matare a Filócrates el pajarero recibirá un talento; cuatro, el que lo traiga vivo: él es quien ata los pinzones de siete en siete y los vende por un óbolo: él es quien atormenta a los tordos inflándolos para que parezcan más gordos; él atraviesa con plumas el pico de los mirlos: él reúne palomas y las encierra, obligándolas a reclamar a otras y atraerlas a sus redes. Este es nuestro edicto: mandamos además que todo el que tenga aves encerradas en su patio, las suelte inmediatamente. El que no obedeciere será apresado por las aves y servirá, cargado de cadenas, para señuelo de otros hombres.»

**EL CORO.-** ¡Oh raza afortunada la de las aves! Ni en invierno tenemos necesidad de túnicas ni en estío nos molestan los abrasadores rayos de un sol canicular. En los valles floridos, a la sombra del tupido follaje, hallo fresco reposo, mientras la divina cigarra enfurecida por el calor del mediodía, deja oír su agudo canto; cuevas profundas, en que jugueteo con las ninfas de los montes, me abrigan en invierno, y en primavera picoteo las blancas y virginales bayas del mirto, y saqueo los huertecillos de las Gracias.

Queremos decirles a los jueces una palabra sobre el premio, si no le adjudican, les otorgaremos toda clase de bienes; bienes más preciosos que los que recibió el mismo Paris[66]. En primer lugar, cosa la más apetecida por todos los jueces, las lechuzas de Laurium[67] no os abandonarán jamás; habitarán dentro de vuestras casas, anidarán en

---

[64] Este mes empezaba, según el ciclo de Harpalo, el 6 de mayo, y según el de Meton, el 28 de marzo. Llamábase así por las fiestas muniquias en honor de Artemis.

[65] Diágoras, después de la destrucción de Melos, su patria, se estableció en Atenas, distinguiéndose por su impiedad.

[66] Después de su juicio para la adjudicación de la manzana de oro.

[67] Las monedas atenienses tenían grabada una figura de lechuza. Estas monedas acabaron por llamarse lechuzas.

vuestros bolsillos y empollarán en ellos pequeñas moneditas. Además vuestras habitaciones parecerán templos magníficos, porque elevaremos sus techos en forma de alas de águila. Si conseguís una magistratura y queréis robar algo, armaremos vuestras manos con las garras veloces del azor. Y si váis a un banquete, os proveeremos de espaciosos buches. Pero si no nos adjudicáis el premio, ya podéis proveeros de sombrillas como las de las estatuas[68]: que el que no la lleve nos las pagará todas juntas. Pues cuando salga ostentando su túnica blanca, todas las aves se la mancharemos con nuestras inmundicias.

**PISTETERO.**-El sacrificio, aves, ha sido favorable; pero me extraña que no venga de la muralla ningún mensajero para anunciarnos cómo va la obra. ¡Ah! Ahí viene uno, corriendo sin aliento.

**MENSAJERO PRIMERO.**-¿Dónde, dónde está? ¿Dónde, dónde, dónde está? ¿Dónde está Pistetero, nuestro jefe?

**PISTETERO.**- Aquí estoy.

**MENSAJERO PRIMERO.**-Ya están en pie las murallas.

**PISTETERO.**-Excelente noticia.

**MENSAJERO PRIMERO.**-Es una obra soberbia y hermosíma: la anchura del muro es tan grande, que si Proxénides, el fanfarrón y Teógenes se encontrasen sobre él dirigiendo dos carros tirados por caballos tan grandes como los de Troya, pasarían sin dificultad.

**PISTETERO.**-¡Oh, Heracles!

**MENSAJERO PRIMERO.**-Su altura, que yo mismo he medido, es de cien orgías[69].

**PISTETERO.**-¡Por Poseidón! ¡que altura! ¿Quiénes han construido tan gigantesca muralla?

**MENSAJERO PRIMERO.**-Las aves, y nadie más que las aves; allí no ha habido ni albañiles egipcios, ni canteros; todo lo han hecho por sí mismas con una habilidad asombrosa. De África vinieron cerca de treinta mil grullas que descargaron su lastre de piedras, las cuales, despúes de

---

[68] Era costumbre colocar sobre las estatuas unas cubiertas de metal para librarlas de las inmundicias de los pájaros.

arregladas por el pico de los rascones, han servido para los cimientos. Diez mil cigüeñas fabricaron los ladrillos. Los chorlitos y demás aves fluviales subían al aire el agua de la tierra.

**PISTETERO**.-¿Quiénes traían el mortero?

**MENSAJERO PRIMERO**.-Las garzas, en gamellas.

**PISFETERO**.-Pero ¿cómo pudieron echarlo en las gamellas?

**MENSAJERO PRIMERO**.-Es una invención ingeniosísima. Los gansos revolvían con sus patas, a guisa de paletas, el mortero, y después lo echaban en las gamellas.

**PISTETERO**.-¡Qué no hubieran hecho con manos!

**MENSAJERO PRIMERO**.-Era de ver cómo traían ladrillos los ánades. También ayudaban a la faena las golondrinas, trayendo mortero en el pico y la llana en la cola, como si fuesen niños.

**PISTETERO**.-¿Qué necesidad habrá ya de pagar operarios? Pero dime: ¿Quiénes labraron las maderas necesarias?

**MENSAJERO PRIMERO**.-Los pelícanos, como habilísimos carpinteros, arreglaron con sus picos las jambas de las puertas: cuando desbastaban las maderas, se oía un ruido parecido al de los arsenales. Ahora está ya todo cerrado con puertas y cerrojos, y cuidadosamente guardado: las rondas recorren el recinto con sus campanillas; hay centinelas en todas partes, y antorchas en las torres. Pero corro a lavarme; a tí te toca terminar la obra.

**EL CORO**.-¿Qué te ocurre? ¿Te admiras de la presteza con que el muro ha sido construido?

**PISTETERO**.-Sí, por cierto; es cosa digna de admiración: parece una fábula. Pero ahí viene uno de los centinelas de la ciudad, con marcial continente.

**MENSAJERO SEGUNDO**,-Iu, iu, iu, iu; iu.

**PISTETERO**.-¿Qué pasa?

---

[69] Unos 185 metros.

**MENSAJERO SEGUNDO.**-Algo muy indigno. Uno de los dioses de la corte de Zeus, después de atravesar las puertas, ha penetrado en el aire, burlando la vigilancia de los grajos que dan la guardia de día.

**PISTETERO.**-¡Oh indigno y criminal atentado! ¿Qué dios es ese?

**MENSAJERO SEGUNDO,**-Lo ignoramos; sólo sabemos que    tiene alas.

**PISTETERO.**-¿Por qué no habéis lanzado en seguida guardias en su persecución?

**MENSAJERO SEGUNDO.**-Hemos enviado tres mil azores, arqueros de caballería: todas las aves de ganchudas uñas, cernícalos, gerifaltes, buitres, águilas y gavilanes vuelan en su busca, haciendo resonar el aire con el rápido batir de sus alas. El dios no debe estar lejos; si no me engaño, helo ahí.

**PISTETERO.**-¡Aprestemos la honda y el arco! Aquí, amigos; disparad todos vuestras saetas; dadme una honda.

**EL CORIFEO.**-Declárase una guerra, una guerra inaudita entre los dioses y yo. Hijos del Erebo, guardad cuidadosos
el aire y las nubes que le entoldan, para que ningún dios las atraviese: vigilad todo el circuito. Ya se oye cerca un ruido de alas, como el de un inmortal cuando vuela.

**PISTETERO.**-¡Eh, tú! ¿Adónde vuelas? Estate quieta, inmóvil. ¡Alto! Detente. ¿Quién eres? ¿De qué país? Es preciso que digas de dónde vienes.

**IRIS.**-*(Que llega en forma de una joven, con aureola y provista de alas.)* Vengo de la mansión de los dioses olímpicos.

**PISTETERO.**-¿Cómo te llamas, navío o casco?[70].

**IRIS.**-Iris la rápida.

**PISTETERO.**-¿De Paralos o de Salamina?

**IRIS.**-¿Qué quieres decir?

---

[70] Navío, por las alas que le sirven de velas o de remos; y casco por el penacho.

**PISTETERO**.- Digo si no habrá por ahí un buen macho que se abata volando sobre tí para cubrirte.

**IRIS**.-¿Qué se abata sobre mí? ¿Qué significan estos ultrajes?

**PISTETERO**.-Vas a llorar a mares.

**IRIS**.-Pero esto es absurdo.

**PISTETERO**.-¿Por qué puerta has penetrado en la ciudad, gran impura?

**IRIS**,-¿Por qué puerta? Lo ignoro.

**PISTETERO**.-¿Oís cómo se burla de nosotros? ¿Te has presentado al capitán de los grajos? Responde. ¿Traes un pasaporte autorizado con el sello de las cigüeñas?

**IRIS**.-¿Qué calamidad es esa?

**PISTETERO**.-¿No lo traes?

**IRIS**.-Tú no debes estar en tu sano juicio.

**PISTETERO**.-¿No te ha enviado un salvoconducto algún jefe de  las aves?

**IRIS**.-No, por Zeus; nadie me ha dado ningún pase.

**PISTETERO**.-¿Y es así, en silencio como te has atrevido a llegar por el aire a una ciudad extranjera?

**IRIS**.-¿Pues por dónde hemos de pasar los dioses?

**PISTETERO**.-No lo sé, por Zeus; pero no por aquí. Lo cierto es que has delinquido. ¿Sabes que si te aplicase la pena merecida nos apoderaríamos de tí y moriría la bella Iris?

**IRIS**.-Pero yo soy inmortal.

**PISTETERO**.-No por eso dejarías de morir. Esto es insoportable; mandamos en todos los seres del mundo, y ahora nos vienen los dioses echándoselas de insolentes y negándose a obedecer a los más fuertes. Vamos, contesta: ¿adónde dirigías tu vuelo?

**IRIS**.-¿Yo? Traigo encargo de mi padre de ordenar a los hombres que ofrezcan víctimas a los dioses del Olimpo; que inmolen bueyes y ovejas, y llenen las calles con el humo de los sacrificios.

**PISTETERO**.-¿Qué dices? ¿A qué dioses?

**IRIS**.-¿A qué dioses? A nosotros, a los dioses del cielo.

**PISTETERO**.-Pero ¿vosotros sois dioses?

**IRIS**.-Pues qué, ¿hay otros?

**PISTETERO**.-Sí; las aves son ahora los dioses de los hombres; y es a ellas a quienes, por Zeus, han de ofrecerse los sacrificios y no a Zeus.

**IRIS**.-¡Ah, insensato! No desencadenes las terribles pasiones de los dioses; guárdate de que la Justicia, armada del terrible azadón de Zeus no extirpe de raíz toda tu raza; cuida de que sus rayos vengadores no te reduzcan a cenizas con todos tus palacios.

**PISTETERO**.-¡Bueno! Ahórrate esas tiradas enfáticas y no te muevas. ¿Crees que me vas a espantar con ese lenguaje, como si fuese algún esclavo lidio o de la Frigia? Sabe que si Zeus me sigue molestando, enviaré águilas igníferas que incendien su morada y el palacio de Anfión. Entérate de que puedo mandar al cielo contra él más de seiscientos alados porfiriones[71], cubiertos con pieles de leopardos. Y cuenta que uno sólo le dio mucho que hacer. En cuanto a tí, como sigas con tus impertinencias te levantaré las piernas, te separaré los muslos y, por muy Iris que seas, te asombrarás del vigor con que, a pesar de mis muchos años, puedo encajarte tres veces el espolón.

**IRIS**.-¡Así revientes, viejo estúpido, con tus palabras!

**PISTETERO**.-¿Te marchas o no? ¡Largo de aquí!

**IRIS**.-Ten la seguridad de que mi padre pondrá fin a tus insolencias.

**PISTETERO**.-¡Ay, qué miedo! ¡Vuela, vuela, vete a turbar con el humo y el hollín de tus rayos a otros más jóvenes que yo!

**EL CORO**.-Queda prohibido a los dioses, hijos de Zeus, el paso por nuestra ciudad, prohíbese también a los mortales, cuando les ofrezcan sacrificios, que hagan atravesar por aquí el humo de sus víctimas.

**PISTETERO**.-Es extraño que el heraldo que envié a los hombres, aún no esté de vuelta.

---

[71] Nombre de un pájaro y de un gigante.

**UN HERALDO**.-*(Que llega con una corona de oro.)* ¡Oh, feliz Pistetero! ¡Oh, sapientísimo! ¡Oh, celebérrimo! ¡Oh, hermosísimo! ¡Oh, felicísimo! ¡Oh ...! Déjame hablar.

**PISTETERO**.-¿Qué estás diciendo?

**EL HERALDO**.-Todos los pueblos, admirados de tu sabiduría, te ofrecen esta corona de oro.

**PISTETERO**.-La acepto; pero ¿por qué los pueblos me confieren tan señalado honor?

**EL HERALDO**.-Tú no sabes, ilustre fundador de una ciudad aérea, la inmensa estimación en que te tienen los mortales, y la afición extraordinaria que se ha desarrollado por este país. Antes de que echases los cimientos de esta célebre ciudad, todos los hombres, atacados de lacomanía, se dejaban crecer el cabello, ayunaban, iban sucios, vivían socráticamente, y llevaban bastones espartanos; ahora ha cambiado la moda y les domina la manía por las aves, complaciéndose en imitar su modo de vivir. En cuanto apunta el alba saltan todos a la vez del lecho y vuelan, como nosotros, a su pasto habitual; después se dirigen a los carteles y se atracan de decretos. Su manía por las aves es tan grande, que muchos llevan nombres de volátiles; un tabernero cojo, se llama perdiz; Meuipo, golondrina; Opucio, cuervo tuerto; Filo, cles, alondra; Teógenes; ganso-zorro; Licurgo, ibis; Querofón, murciélago; Siracosio, urraca y Midias se llama codorniz, porque, en efecto, tiene toda la traza de una codorniz muerta de un porrazo en la cabeza. La pasión por las aves hace que se canten versos, donde es de rigor hablar de golondrinas, de penélopes, de gansos, de palomas o, por lo menos, algo de plumaje. Así anda la cosa. ¡Ah!, te advierto que pronto vendrán aquí más de diez mil personas pidiéndote alas y garras ganchudas; por consiguiente, ya puedes hacer provisión de plumas para los nuevos huéspedes.

**PISTETERO**.-Entonces no hay tiempo que perder. Anda,

llena de alas todos los cestos y cestillos, y dile a Manes[72], que me los traiga aquí. Yo me encargo de recibir a los que vengan.

**CORO**.-Nuestra ciudad no tardará en llamarse «La Populosa.»

**PISTETERO**.-¡Que la fortuna nos favorezca!

**CORO**.-El amor a nuestra ciudad se propaga.

**PISTETERO**.-*(A1 esclavo.)* Trae eso pronto.

**CORO**.-¿Qué falta en ella de cuanto puede hacer grata su mansión? Aquí se encuentran la Sabiduría, el Amor, las Gracias inmortales y el plácido semblante de la querida Paz.

**PISTETERO**.-¡Qué calma, justo cielo! Trae eso pronto.

**CORO**.-Sí, traed pronto un cesto lleno de alas; y tú hazle moverse a palos, como lo hago yo; es más pesado que un asno.

**PISTETERO**.-Sí, Manes es un perezoso.

**CORO**.-Tú, pon en orden esas alas, las musicales, las proféticas, las marítimas. Procura después que cada cual se lleve las que le convengan.

**PISTETERO**.-*(A Manes)* ¡Ah, lo juro por los cernícalos! Esta no te la perdono, si continúas tan perezoso y tardón. *(Golpea a Manes y éste huye.)*

**UN PARRICIDA**.-¡Quién fuera el águila de altísimo vuelo para cernerse sobre las ondas cerúleas del estéril mar!

**PISTETERO**.-Veo que el mensajero dijo la verdad; ahí viene no sé quién cantando a las águilas.

**EL PARRICIDA**.-¡Oh, nada tan delicioso como volar! Yo adoro las leyes de los pájaros; la afición a las aves me enajena; yo vuelo, yo quiero vivir con vosotros; me apasionan vuestras leyes.

**PISTETERO**.-¿Cuáles? Porque las aves tienen muchas clases de leyes.

**EL PARRICIDA**.-Todas; pero principalmente una en virtud de la cual es lícito a un pájaro morder a su padre y retorcerle el pescuezo.

**PISTETERO**.-Es verdad; nosotros tenemos por muy valiente al que pollito aún, le pega a su padre.

---

[72] Nombre de esclavo.

**EL PARRICIDA**.-Por eso he emigrado a esta región; deseo estrangular a mi padre para heredar todos sus bienes.

**PISTETERO**.-Pero tenemos también otra ley inscrita en la columna de edictos de las cigüeñas: «Cuando la cigüeña haya criado a sus hijos y los haya puesto en disposición de volar, éstos tendrán a su vez obligación de alimentar a sus padres.»

**EL PARRICIDA**.-¡Pues bastante he ganado con venir, si tengo que sostener a mi padre!

**PISTETERO**.-No, no; ya que con tan benévolas intenciones has acudido a nosotros, te emplumaré como conviene a un pájaro huérfano. Además, pobre joven, te daré un buen consejo que aprendí en mi niñez. No maltrates a tu padre; coge esta ala en una mano y ese espolón en la otra; figúrate que tienes una cresta de gallo, y haz guardias; vete a la guerra, vive de tu estipendio, y deja en paz a tu padre. Ya que eres tan belicoso dirige tu vuelo a Tracia y combate allí.

**EL PARRICIDA**.-¡Por Dionysos! Tu consejo me parece excelente, y lo seguiré. *(Se va.)*

**PISTETERO**.-Obrarás discretamente, por Zeus.

**CINESIAS**.-(Poeta ditirámbico, saliendo.) Vuelo al Olimpo con ligeras alas; y a su batir resuelto voy cruzando las sendas de la alegre poesía...

**PISTETERO**.-Este va a necesitar un fardo entero de alas.

**CINESIAS**.-Otras nuevas buscando,

     Mi cuerpo y mi indomable fantasía...

**PISTETERO**.-Un abrazo a Cinesias, el Tilo. ¿A qué vienes dando vueltas a tu pie cojo?

**CINESIAS**.-Quiero, ansío ser ave,
Ser ruiseñor, y con gorjeo suave...

**PISTETERO**.-Basta de música, y explícame tus deseos.

CINESIAS.-Ponme alas, pues anhelo subir por los aires
y recoger de las nubes nuevos cantos, aéreos y caliginosos.

**PISTETERO**.-¿Cantos en las nubes?

**CINESIAS**.-Sí; en ellas estriba hoy todo nuestro arte. Los más brillantes ditirambos son aéreos, caliginosos, tenebrosos, alados. Pronto lo verás; escucha.

**PISTETERO**.-No, no oigo nada.

**CINESIAS**.-Pues oirás, mal que te pese:

> En forma de volátil,
>
> Cuyo ondulante cuello
>
> Surca del éter fúlgido    La azul inmensidad,
>
> Recorreré los aires,
>
> Que te obedecen ya.

**PISTETERO**.-¡Eh, hop! ¡Basta!

**CINESIAS**.-¡Ah! ¡Quién con vuelo rápido!

> Al hálito vehemente
>
> Cediendo de los ímpetus
>
> De indómito Aquilón,
>
> Pudiera sobre el piélago
>
> Cernerse bramador!

**PISTETERO**.-¡Ya reprimiré yo tus hálitos e ímpetus...!

**CINESIAS**.-Y ora hacia el Noto cálido

> Enderezando el vuelo,
>
> Ora a la región frígida
>
> Del Bóreas glacial,
>
> El oleaje férvido
>
> Del éter...

*(A Pistetero, que le apalea.)* ¡Anciano! ¡Ancianoi ¡Vaya una hábil e ingeniosa invencióni

**PLSTETERO**.-¿No deseabas volar?

**CINESIAS**.-¿Así tratas a un poeta ditirámbico que se  disputan todas las tribus?

**PISTETERO**.- ¿Quieres quedarte con nosotros y enseñar a la tribu Ceropia un coro de aves voladoras, tan ligero como el espirituado Leotrófides?[73].

**CINESIAS**.-Te burlas de mí, está claro. Pero no importa; ten presente que no descansaré un momento hasta que surque los aires, transformado en pájaro.

**UN SICOFANTE**.-*(Es decir, un delator.)*

Dí, golondrina de alas esplendentes

Por la Febea luz tornasolada,

¿Quiénes son esas aves indigentes

De tan varios plumajes adornadas?

**PISTETERO**.-El mal toma serias proporciones. Otro, que se acerca zumbando.

**EL SICOFANTE**. Por la Feba luz tornasolada, repito.

**PISTETERO**.-Creo que esa canción la dirige a su manto, porque parece que tiene necesidad urgente de la vuelta de la golondrina[74].

**EL SICOFANTE**.-¿Quién distribuye alas a los recién llegados?

**PISTETERO**.-YO mismo; pero es preciso decir para qué.

**EL SICOFANTE**.-¡Alas! ¡Necesito alas! No me preguntes más.

**PISTETERO**.-¿Acaso quieres volar en línea recta a Pelene?

**EL SICOFANTE**.-No, por Zeus; soy acusador de las islas, un delator...

**PISTETERO**.-¡Buen oficio!

**EL SICOFANTE**.-E investigador de pleitos. Quiero tener alas para girar con rapidez mi visita a las ciudades y citar a los acusados.

**PISTETERO**.-¿Los citarás mejor teniendo alas?

**EL SICOFANTE**.-No, por Zeus; pero podré librarme de ladrones y volveré como las grullas, trayendo por lastre infinitos procesos.

**PISTETERO**.-¿Y ésa es tu ocupación? ¿Cómo siendo joven y robusto, te dedicas a delatar extranjero?

---

[73] Leotrófides era un poeta ditirámbico notable por su flacura y palidez.
[74] Es decir, de la primavera, porque su raído manto no le podía librar del frío.

**PISTETERO**.-Pero, por Zeus, hay otras ocupaciones con las cuales un hombre de tu edad puede ganarse honradamente la vida, sin acudir al vil oficio de zurcidor de procesos.

**EL SICOFANTE**.-Amigo mío, no te pido consejos, sino alas.

**PISTETERO**.-Ya te doy alas con mis palabras.

**EL SICOFANTE**.-¿Cómo puedes con palabras dar alas a un hombre?

**PISTETERO**.-Las palabras dan alas a todos.

**EL SICOFANTE**.-¿A todos?

**PISTETERO**.-¿No has oído muchas veces en las barberías a los padres decir hablando de los jóvenes: «Son terribles las alas para la equitación que le han dado a mi hijo las palabras de Diitrefes»[75]. «Pues yo, dice otro, tengo un hijo que en alas de la imaginación ha dirigido su vuelo a la tragedia.»

**EL SICOFANTE**.-¿Luego las palabras dan alas?

**PISTETERO**.-Ya te he dicho que sí; ellas elevan el espíritu y levantan al hombre. He ahí por qué con mis útiles consejos pretendo yo levantar tu vuelo a una profesión más honrada.

**EL SICOFANTE**.-Pero yo no quiero.

**PISTETERO**.-Pues ¿qué harás?

**EL SICOFANTE**.-No quiero desmerecer de mi raza; el oficio de delator está vinculado a mi familia. Dame, pues, rápidas y ligeras alas de gavilán o cernícalo para que, en cuanto haya citado a los isleños, pueda regresar a Atenas a sostener la acusación y volar en seguida a las islas.

**PISTETERO**.-Comprendo: a fin de que el isleño sea condenado aquí antes de llegar.

**EL SICOFANTE**.-Precisamente.

**PISTETERO**.-Y después, mientras él navega en esta dirección, volar tú allá y arrebatarle todos sus bienes.

**EL SICOFANTE**.-Exacto. Deseo ser una verdadera peonza.

---

[75] Diitrefes era un rico ateniense que tenía muchos caballos.

**PISTETERO.**-A propósito de peonzas; tengo aquí unas excelentes alas de Corcira[76].

**EL SICOFANTE.**-¿Pobre de mí! ¡Es un azote!

**PISTETERO.**-¡Fuera de aquí volando! ¡Lárgate pronto, canalla insoportable! Ya te haré sentir lo que se gana corrompiendo la justicia. *(Al esclavo.)* Recojamos las alas y partamos.

**CORO.**-En nuestro vuelo hemos visto mil maravillas, mil increíbles prodigios. Hay lejos de Cardias[77] un árbol muy extraño llamado Cleónimo, completamente inútil, aunque grande y tembloroso. En primavera produce siempre, en vez de yemas, delaciones; y en invierno, en vez de hojas, deja caer escudos. Hay también un país, junto a la región de las sombras en los desiertos oscuros, donde los hombres comen y hablan con los héroes, excepto por la noche; cuando ésta llega, su encuentro es peligroso. Pues si algún mortal tropezare entonces con Orestes[78], sería despojado de sus vestidos y molido a palos de pies a cabeza.

*(Llega Prometeo ocultando el rostro.)*

**PROMETEO.**-¿ Desgraciado de mí! Procuremos que no me vea Zeus. ¿Dónde está Pistetero?

**PISTETERO.**-¡Oh! ¿Qué es ésto? ¿Qué significa ese disfraz?

**PROMETEO.**.-Ves algún dios detrás de mí?

**PISTETERO.**-Ninguno, por Zeus, no veo ninguno; pero tú ¿quién eres?

**PROMETEO.**.-¿En qué momento del día nos encontramos?

**PISTETERO.**-Es algo más del medio día; pero tú ¿quién eres?

**PROMETEO.**.-¿Es el declinar del día o más tarde?

**PISTETERO.**-!Pero qué hombre más fastidioso!

---

[76] Esto se lo dice Pistetero enseñándole al Sicofante unos azotes de cuero. Los de Corcira tenían fama.
[77] Cardias era una ciudad de Tracia, cuyo nombre significa corazón o valor. Esto y lo siguiente son burlas sobre la cobardía de Cleónimo, tantas veces mencionada.
[78] Célebre ladrón, cuyo encuentro era peligroso de noche.

**PROMETEO.**-¿Qué hace Zeus? ¿Disipa o amontona las nubes?[79].

**PISTETERO.**-¡Déjame en paz!

**PROMETEO.**-Entonces, me descubriré.

**PISTETERO.**-*(Reconociéndole.)* ¡Oh, mi querido Prometeo!

**PROMETEO.**.-!Cuidado! ¡Cuidado! ¡No grites!

**PISTETERO**—¿Qué ocurre?

**PROMETEO.**-¡Silencio! No pronuncies mi nombre; si Zeus llega a verme aquí, estoy perdido. Cúbreme la cabeza con esta sombrilla, para que no me vean los dioses y te contaré todo lo que pasa en el Olimpo.

**PISTETERO.**-Excelente idea, digna de Prometeo. Métete pronto aquí debajo, y habla sin temor.

**PROMETEO.**-Escucha, pues.

**PISTETERO.**-Habla; te escucho.

**PROMETEO.**-Zeus está perdido.

**PISTETERO.**-¿Desde cuándo?

**PROMETEO.**.-Desde que fundasteis esta ciudad en el aire. Ningún mortal ofrece ya sacrificios a los dioses, ni sube hasta nosotros el humo de las víctimas. Privados de todas sus ofrendas, ayunamos como en las Tesmoforias[80]. Los dioses bárbaros, enfurecidos por el hambre, gritan como los ilirios, y amenazan bajar contra Zeus, si no hace que vuelvan a abrirse los mercados para que puedan introducirse las entrañas de las víctimas.

**PISTETERO.**-Luego ¿hay dioses bárbaros que están sobre vosotros?

**PROMETEO.**-Pues si no hubiese dioses bárbaros, ¿cuál podría ser el patrón de Execéstides?[81].

**PISTETERO.**-¿Y cómo se llaman esos dioses?

**PROMETEO.**-¿Cómo? Tríbalos[82].

---

[79] Prometeo trata de saber si está el cielo cubierto o despejado.

[80] Fiestas en honor de Deméter; duraban cinco días y se ayunaba el tercero.

[81] Apolo era el patrono de los ciudadanos de Atenas; como Execéstides era extranjero, su patrono debía de serlo también.

[82] Nombre de un pueblo de Tracia, cuyos pobladores eran considerados por los atenienses como salvajes.

**PISTETERO**.-Comprendo. De ahí, sin duda, viene la frase: «Ojalá te trituren»[83].

**PROMETEO**..-Está claro. Te aseguro que pronto bajará para estipular las condiciones de paz una embajada de Zeus y de los Tribalos superiores; pero vosotros no debéis concertar pacto alguno mientras Zeus no restituya el cetro a las aves y te dé por esposa a la Realeza.

**PISTETERO**.-¿Quién es la Realeza?

**PROMETEO**..-Una hermosísima doncella que maneja los rayos de Zeus, y a cuyo cargo están todas las demás cosas: la prudencia, la equidad, la modestia, la marina; las calumnias, la tesorería y el pago del trióbolo.

**PISTETERO**.-¿Es, pues, una intendente general?

**PROMETEO**.-Precisamente. De suerte que si te la otorga, serás dueño de todo. He venido para darte este consejo, pues siempre he querido mucho a los hombres.

**PISTETERO**.-Es verdad; tú eres el único dios a quien debemos el carbón para hacer nuestros asados.

**PROMETEO**.-Sabes también que aborrezco a todos los dioses.

**PISTETERO**.-Sí, por Zeus; tú fuiste siempre su enemigo.

**PROMETEO**.-Un verdadero Timón[84] para ellos. Pero dame la sombrilla para que me vaya cuanto antes; si Zeus me ve así desde el cielo, creerá que voy siguiendo a una canéfora.

**PISTETERO**.-Para fingir mejor, coge este asiento y llévatelo con la sombrilla.

**CORO**.-En los confines de los Esciápodas[85] es hay un pantano donde evoca los espíritus el desaseado Sócrates; allá fué también Pisandro[86], pidiendo ver su alma, que le había abandonado en vida; traía un camello por víctima en vez de un cordero, y cuando lo degolló, dio un paso    atrás

---

[83] Triturar en griego tiene cierta semejanza con tribalo.

[84] Célebre, misántropo.

[85] Seres fabulosos que habitaban en la zona tórrida. Sus pies eran más grandes que el resto del cuerpo, de suerte que cuando el calor se dejaba sentir con exceso, adoptaban la posición cuadrúpeda, y se servían de uno de sus pies como de quitasol, de donde les vino el nombre de esciápodas. Aristófanes coloca a los filósofos socráticos en este país, para indicar su constitución física empobrecida por las cavilaciones y su desaseo.

como Ulises; después, Querofón el murciélago, subió del Orco para beber la sangre.

*Se presentan ante Pistetero Poseidón, Heracles y un dios Tribalo.*

**POSEIDÓN**.-Estamos a la vista de Nefelococigia, a cuya ciudad venimos de embajada. *(Al Tribalo.)* ¡Eh, tú! ¿Qué haces? ¿Te echas el manto sobre el hombro izquierdo? ¿No lo cambias al derecho? ¡Cómo, desdichado! ¿Tendrás el mismo defecto que Lespodias?[87]. ¡Oh, democracia! ¿Adónde vamos a parar si es ese el representante designado por los dioses? ¿Te estarás quieto? ¡Peste de tí! Eres sin duda el dios más bárbaro que he conocido nunca. Dime, Heracles ¿qué vamos a hacer?

**HERACLES**.-Ya lo has oído; mi intención es estrangular, sea quien sea, al hombre que ha interceptado toda comunicación con los dioses, erigiendo esas murallas.

**POSEIDÓN**.-Pero, amigo mío, a lo que hemos sido enviados es a tratar de la paz.

**HERACLES**.-Razón de más para estrangularle.

**PISTETERO**.-(Fingiendo no haber visto a los dioses.) Alárgame el rallador; trae silfio; dame queso; atiza los carbones.

**HERACLES**.-*(Dulcificando la voz a la vista de los preparativos culinarios.)* Mortal, tres dioses te saludan.

**PISTETERO**. Ahora lo cubro con silfio.

**HERACLES**.-¿Qué manjares son esos?

**PISTETERO**.-Son unas aves que se han sublevado contra el partido democrático; se las ha condenado como culpables.

**HERACLES**.-¿Y las espolvoreas primero con silfio?

**PISTETERO**—¡Salud, Heracles! ¿Qué ocurre?

**HERACLES**.-Venimos en embajada de parte de los dioses para negociar el armisticio.

**UN CRIADO**.-Ya no queda aceite en la alcuza.

**PISTETERO**.-Pues estas aves tienen que estar bien rehogadas.

---

[86] Orador notable por su cobardía.
[87] General que para cubrirse las úlceras de las piernas se dejaba caer el manto.

**HERACLES**.-Nosotros nada ganamos con hacer la guerra; y vosotros, si sois nuestros amigos, tendréis siempre agua de lluvia en las balsas y disfrutaréis de días serenos. Venimos perfectamente autorizados para estipular estas cuestiones.

**PISTETERO**.-Nunca hemos sido los agresores, y ahora mismo estamos dispuestos a concertar la paz que deseáis si os avenís a una condición equitativa y es la de que Zeus nos devuelva el cetro a las aves. Después de arreglado este particular, invito a los embajadores a comer.

**HERACLES**.-POr mí, de acuerdo, y declaro...

**POSEIDÓN**.-¿Pero qué? ¡Desdichado) Eres glotón e imbécil. ¿Así piensas despojar a tu padre del poder supremo?

**PISTETERO**.-Te equivocas. ¿Acaso no seréis más poderosos si las aves reinan sobre la tierra? Ahora, al abrigo de las nubes, y bajando la cabeza, los mortales blasfeman impune mente contra vosotros; pero si tuvieseis por aliadas a las aves, cuando alguno jurase por el cuervo y por Zeus, el cuervo se acercaría furtivamente al perjuro y le saltaría un ojo de un picotazo.

**POSEIDÓN**.-¡Bien hablado, por Poseidón!

**HERACLES**.-Lo mismo digo.

**PISTETERO**.-*(Al Tribalo.)* Y tú ¿qué opinas?

**EL TRIBALO**.-Nabaisatreu[88].

**PISTETERO**.-¿Lo ves? También está de acuerdo. Oid otra de las ventajas que os proporcionará nuestra alianza. Si un hombre ofrece un sacrificio a alguno de vosotros, y después difiere su realización   diciendo: «Los dioses tendrán paciencia», y por avaricia no cumple su voto, nosotros le obligaremos.

**POSEIDÓN**.-¿Cómo? ¿De qué manera?

**PISTETERO**.-Cuando nuestro hombre esté contando su dinero o sentado en el baño, un gavilán le arrebatará, sin que lo note, el precio de dos ovejas y se lo llevará al dios defraudado.

**HERACLES**.-Confirmo mi declaración de que debe dársele el cetro.

**POSEIDÓN**.-Consúltalo también con Tribalo.

**HERACLES**.-¡Eh Tribalo! ¿Quieres... una buena zurra?

**EL TRIBALO**.-Sauna. Cabactaricrousa.

**HERACLES**.-Dice que también está de acuerdo.

**POSEIDÓN**.-elles si los dos sois de esa opinión, yo me adhiero a ella.

**HERACLES**.-*(A Pistetero)* Consentimos, como quieres, en la devolución del cetro.

**PISTETERO**.-Se me olvidaba, por Zeus, otra condición) Le dejo Hera a Zeus; pero exijo que éste me dé por esposa a la joven Realeza.

**POSEIDÓN**.-Está visto que no deseas la reconciliación. Retirémonos.

**PISTETERO**.-POCO me importa ¡Cocinero, cuida de que esté bien sabrosa la salsa!

**HERACLES**.-¡Qué hombre tan particular es éste Poseidón1 ¿Adónde vas? ¿Habremos de hacer la guerra por una mujer?

**POSEIDÓN**.-¿Y qué quieres que hagamos?

**HERACLES**.-¿Qué? La paz.

**POSEIDÓN**.-!Cómo! ¿No comprendes, imbécil, que te está engañando? Tú mismo te arruinas. Si Zeus muere después de haberles cedido a esas gentes el poder, quedarás reducido a la miseria, pues a tí han de pasar todos los bienes que tu padre deje a su muerte.

**PISTETERO**.-¡Oh, infeliz! !Cómo trata de confundirte) Ven acá y te diré lo que hace al caso. Tu tío te engaña, pobre amigo; según la ley, no puedes heredar ni un hilo de los bienes paternos, porque eres un bastardo y no un hijo legítimo.

**HERACLES**.-¿Yo bastardo? ¿Qué dices?

**PISTETERO**.-La pura verdad; por ser hijo de una mujer extranjera. Y si no, dime: ¿cómo Atenea, siendo hembra, pudiera ser única heredera de Zeus si tuviera hermanos legítimos?

---

[88] Jerga ininteligible.

**HERACLES**.-¿Y si mi padre al morir me lega la parte correspondiente a los hijos naturales?

**PISTETERO**.-La ley no se lo permite. El mismo Poseidón, que ahora te jalea, será el primero en disputarte la herencia paterna, alegando su cualidad de hermano legítimo. Escucha el texto de la ley de Solón: «El bastardo no puede heredar si hay hijos legítimos. Si no hay hijos legítimos, la herencia debe pasar a los colaterales más próximos.»

**HERACLES**. ¿Luego no tengo ningún derecho para heredar a mi padre?

**PISTETERO**.-Ninguno absolutamente. Pero dime: ¿se cuidó tu padre de inscribirte en el registro de los miembros de su fratria?[89].

**HERACLES**.-No, por cierto; y la verdad, ya hace tiempo que esto me extraña.

**PISTETERO**.-Déjate de miradas feroces y de amenazas al cielo. Si pasas a ser uno de los nuestros yo haré de tí el jefe supremo y tendrás cuanto apetezcas.

**HERACLES**.-Pues bien; creo justa tu petición de la doncella, y te la concedo.

**PISTETERO**.-*(A Poseidón.)* Y tú, ¿qué dices?

**POSEIDÓN**.-Yo me opongo.

**PISTETERO**.-Todo depende ahora del Tribalo. ¿Qué opinas tú?

**EL TRIBALO**.-Maka donkila reala Kolondri cedo.

**HERACLES**.-El Tribalo también opina que hay que cedérsela.

**POSEIDÓN**.-No, por Zeus; no dice que se la concede, sino en caso de que emigre como las golondrinas.

**PISTETERO**.-Luego dice que es necesario concedérsela a las golondrinas.

**POSEIDÓN**.-Arreglaos los dos como podáis, y estipulad las condiciones; yo, puesto que así lo queréis, me callaré.

**HERACLES**.-Nos place concederte cuanto pides. Vente pronto con nosotros al cielo y se te entregará la Realeza y todo lo demás.

**PISTETERO**.-¡He ahí unas aves sacrificadas con gran oportunidad para las bodas)

**HERACLES**.-¿Queréis que entre tanto me quede yo a asarlas? Vamos, marcháos ya.

**POSEIDÓN**.-¿Tú asarlas? ¿Cómo qué no vas a venir con nosotros, desvergonzado glotón?

**HERACLES**.-¡Ya me relamía de gusto)

**PISTETERO**.-¿Vamos, que me traigan un vestido nupcial)

**EL CORO**.-En Fanes, junto a la Clepsidra, vive la industriosa raza de los Englotogastros[90], que siegan, siembran, vendimian y recogen los higos con la lengua; son de condición bárbara, y entre ellos se encuentran los Gorgias y Filipos[91]. Estos Filipos Englotogastros han sido la causa de que se introdujese en el Atica la costumbre de cortar aparte la lengua de las víctimas.

**EL MENSAJERO**.-*(Declamando.)*

Vosotros a quienes todo sale bien, mejor de como puede decirse

tres veces dichosa gente volante de las aves

en su rico palacio recibid a vuestro Señor.

Ya se acerca, y con tal esplendor

como jamás se vió astro alguno en su mansión de oro lucir,

ni del sol que brilla a lo lejos surgir luces

tan chispeantes; viene dándole el brazo

a su Esposa, belleza indescriptible

y blandiendo el rayo alado, arma de Zeus.

Un aroma indecible hacia el alto cielo

se eleva -bello espectáculo- y brisas de incienso

 dispersan espesas espirales de humo.

¡Mas hele aquí! Es él. De la Musa propicia

hay que lanzar los sagrados, los propicios acentos.

---

[89] Formalidad que sólo se llenaba con los hijos legítimos.

[90] Palabra compuesta de dos que significan lengua y vientre, es decir, los que viven del producto de su lengua.

[91] Gorgias, célebre retórico y sofista. Platón dio su nombre a uno de sus más bellos diálogos. Filipo se cree que era un delator.

**EL CORO.**-Retroceded, apartaos, abrid paso, revolotead en feliz enjambre alrededor de ese santo. ¡Feu, feu! ¿Qué de gracias! ¡Qué de bellezas! ¡Oh tú, cuyo himen es tan favorable a esta ciudad!

**EL CORIFEO.**-Grandes, inmensos beneficios han recibido las aves, gracias a ese hombre. Hay que acogerle, así como a la Reina, con cantos himeneos y nupciales.

**EL CORO.**-La unión de Hera la olímpica y del gran Rey, que desde su alto trono impera sobre los otros dioses fué celebrado por las divinas Pareas con cantos como éste: ¡Oh, himen, oh himeneo! El floreciente Eros con sus alas de oro conducía tirando de las riendas, jefe del cortejo nupcial de Zeus y de la dichosa Hera.

**PISTETERO.**-Me regocijan vuestros himnos y vuestros cánticos; estoy encantado con vuestras palabras. ¡Celebrad a la vez los truenos subterráneos y los brillantes relámpagos de Zeus y el fulgor terrible de su rayo!

**EL CORO.**-¡Oh potente luz de oro de los relámpagos, oh centella inmortal de Zeus, truenos de rugir subterráneo que hacéis caer la lluvia y con los que ese hombre levanta ahora la tierra, dueño de todo gracias a tí; y que también tiene a su lado a la Realeza, protegida de Zeus. ¡Oh himen, oh himeneo!

**PISTITERO.**-Escuchad ahora los esposos, y vosotras todas, razas de volátiles que vivís en común. Id hasta el país de Zeus, junto al lecho nupcial. Dame la mano, oh bienaventurada, tómame por las alas y bailemos; yo te cogeré, a mi vez, para alzarte en el aire.

**EL CORO.**-¡Alalá! ¡Ie, pean! ¡Viva, viva el glorioso vencedor, el más poderoso de los dioses!

My life was changed when my wife had to take chemotherapy. She didn't have cancer, but had experienced a molar pregnancy. This resulted in her having to go to M.D. Anderson in Houston, Texas to receive four weeks of treatment. I learned so much during that time. I saw how strong my wife really is. I realized that whoever walks into the doors of a cancer center to receive chemotherapy is stronger than anyone at the gym.

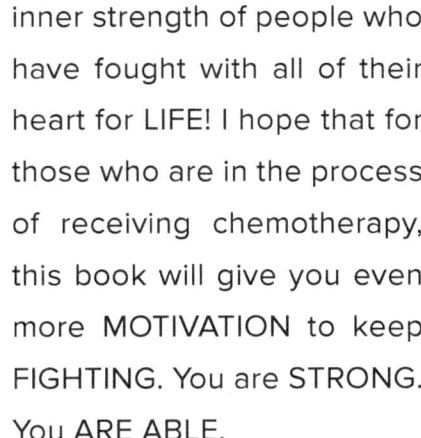

I also came to understand just how long and draining the process is when receiving chemo. The patient has to drive to the center, park, sit in the waiting room, then actually receive treatment. Then the process starts over again the next day, week, and even months.

This coloring book is designed to motivate those who are going through this difficult ordeal. I believe having a positive mindset is critical to health, recovery, and longevity. Even with receiving some kind of medical treatment, it's good for patients to have a positive outlook. I continue to be amazed at the inner strength of people who have fought with all of their heart for LIFE! I hope that for those who are in the process of receiving chemotherapy, this book will give you even more MOTIVATION to keep FIGHTING. You are STRONG. You ARE ABLE.

This coloring book is really simple. You will go from A-Z in the alphabet. Everyday, you will color a positive phrase. This is designed to keep your thoughts positive throughout the process. You will color each phrase four times. Take your time and think about what you are coloring. Then believe it with all of your heart.

C'mon with the c'mon! You can do it!

— *Benjamin Lee*
*Follow Benjamin at BenjaminLee.blog*

---

*Cover design © 2017 by Edify Media*
*Interior Design © 2017 by Edify Media*
*Contact Edify Media at Facebook.com/EdifyMediaMDW*

# — THE GOAL —

Earlier this year I created my first coloring book called, "Color Your Way To Success." It's currently available on www.amazon.com. This book has had great success and is motivating a lot of people. As I was thinking about creating another coloring book, a thought came into my mind. How could I help and inspire even more people? That's when I thought of my wife Nikki and what she had experienced. I decided then to make a coloring book for people going through chemo. I wish Nikki and I had this book during all the visits we had to M.D. Anderson.

After thinking of this idea I also decided that I want to keep the cost of it as low as possible. I want to truly give to others without trying to make some kind of financial gain. While there is a cost to making this book, I'm not interested in earning money from it. Therefore, the price of this book is set at the minimum price it requires to make it. I'm keeping it at that price so patients might be able to use it and enjoy it.

My goal is to get this coloring book in every cancer center in America. Then beyond! My hope and prayer is to create a campaign so that every person who has to take chemotherapy will be able to get one of these books for FREE! I know how expensive it is to receive chemo. This is the least I can do. So many people gave to Nikki and me as she endured her treatment. Now I want to do the same. In Acts 20:35 Jesus said, "...It is more blessed to give than to receive." Indeed it is!

I'm so thankful for Luke Adams and Edify Media who assisted with this book. Luke does excellent work. He has a heart for helping others.

I'm thankful for my beautiful wife who is so strong and who has shown me what true strength looks like.

May God Bless You,

– Benjamin Lee

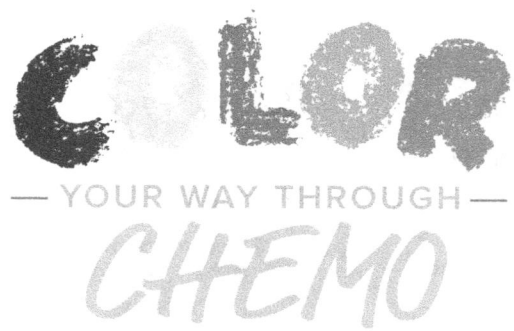